张恨水

温润如玉
一世情

关小凤◎著

中国言实出版社

图书在版编目（CIP）数据

张恨水：温润如玉一世情／关小凤著. 一北
京：中国言实出版社，2017. 1
ISBN 978－7－5171－2227－2

Ⅰ. ①张… Ⅱ. ①关… Ⅲ. ①张恨水（1895－
1967）－生平事迹　Ⅳ. ①K825. 6

中国版本图书馆 CIP 数据核字（2017）第 021396 号

责任编辑：郭江妮

出版发行　**中国言实出版社**
　　　　　地　址：北京市朝阳区北苑路 180 号加利大厦 5 号楼 105 室
　　　　　邮　编：100101
　　　　　编辑部：北京市海淀区北太平庄路甲 1 号
　　　　　邮　编：100088
　　　　　电　话：64924853（总编室）　64924716（发行部）
　　　　　网　址：www. zgyscbs. cn
　　　　　E－mail：zgyscbs@263. net
经　　销　新华书店
印　　刷　河北信德印刷有限公司
版　　次　**2017 年 7 月第 1 版**　　2023 年 4 月第 2 次印刷
规　　格　880 毫米×1230 毫米　1/32　9. 25 印张
字　　数　204 千字
定　　价　46. 00 元　　ISBN 978－7－5171－2227－2

前　言

　　出生在书香门第的张恨水，父亲是一个在南昌做事的小官。可惜不久，父亲在他十岁时去世了。这是他人生的转折点，充满坎坷的一生由此开始。作为家里的长子，张恨水不得不很小就挑起生活的重担，漂零多于安宁。虽然命途多舛，但为了改善家庭的生活和自己的命运，他努力读书，很快才华得到赏识。在朋友的帮助下，他进入报界，从一个无名的小记者，逐渐成为一个红遍全国的名作家。他靠手中的《春明外史》《金粉世家》《啼笑因缘》等连载小说养活一个数十口人的大家庭。在二三十年代，他无疑是国内最走红的通俗文学作家和连载小说家，书迷遍布全国，他用一支笔把人世间的恩恩爱爱、世情炎凉写得荡气回肠、蚀骨销魂。

　　在感情上，他一生与三个女人结为夫妻，走过了一条从包办婚姻到自由恋爱的婚姻之路。为了母亲，他接受了包办的婚姻，与一个无爱的妻子结合；等他稍有条件，又亲手为自己选中一位妻子，第二位妻子虽好，但由于没有多少文化，他们仍然不能沟通；只有第三位妻子——他的小说热心的读者和书迷，他才真正找到了属于自己的知音。张恨水用缕缕柔情书写一个大大的"人"字，让三房太太跟儿女们相处一偶。

本书作者不但描写了张恨水创作的甘苦，同时也对他个人生活作了详尽叙述。在其漫漫一生中，张恨水重亲情，为此可以隐忍下所有的理想和抱负，只为换得举家安康，家庭和顺；对爱情，张恨水无怨无悔地追求，一路向南，不放弃自己梦中的桃花源；但他同时也是一个有情有肉有血有思想的中国人，当祖国的山河破碎、民不聊生，他以笔当枪，直刺种种野蛮和血腥，虽然屡遭压迫，但依然无悔担当……这就是温润如玉的张恨水。他的笔下，写尽了天下奇情，也涤荡着他的满怀柔情。他的一生，是爱的旅程，也是红尘的一部传奇，更是一首人间情爱的绝唱……

目 录

第三卷　剪断京华梦

第一卷

浪子挑家梁

萧萧秋寒雁归来

1914 年深秋，萧萧风寒，泊泊微涛，即便是四季温暖的上海，也因季节的变更，露出隐隐的寒意。

码头上，一艘远轮即将开航，拎着大包小包行李的旅客们纷纷拥挤上船。在人群中，一位清秀的青年身穿长衫，肩挎包袱，正依依不舍地和几位送行的朋友道别。

"心远，到家之后，处理完家事，你还要尽快赶回来。"一个身材高壮的男人，握着青年的手，十分不舍地说。

"我会的大哥，这里有我的好兄弟，有我的梦，我舍不得走，我一定会尽快赶回来……"青年说着，依依不舍地和其他几位朋友一一握手惜别。

秋水盈盈，一群知交契友，让他留恋不已。但除此之外，那些未完的学业、飘香的文字、绮丽的舞台、轻盈似水的水袖，俱是牵扯他行程的羁绊。

"碧云天，黄花地，西风紧，北雁南飞。晓来谁唤霜林醉？总是离人泪……"前人写尽了离愁别绪，正如他此刻的心情。常人都知离别苦，何况眼前这几位，都有满腹才华，都是名闻上海滩的风流人物。

紧握着青年手的那位，是他的堂兄张东野先生，和他依依惜别的是当时的文化名人李君馨和陈大悲等人，他们都是"文明进化团"的台柱子，也是情同手足的知交好友。而这位即将踏上远轮的俊秀青年，则是后来名满大江南北的小说大家张恨水。只是此刻，他尚未出道，震惊整个中国文坛的恨水也不为人所知，他的名字仍是张心远。

几天前，张心远接到安徽老家的来信，母亲在信中让他即刻回家，说家中有急事需要他来处理。张心远是家中长子，又极为孝顺，接到母亲的书信，心中已是归心似箭，便赶快收拾了行李，辞别这几位好友，赶赴安徽老家。

一抹秋风，两行秋雁，更添几份别离恨。一步三回头地走上货轮，张心远心头涌上万千滋味：此一别何时再见？此一别，可会折了自己刚刚张开翅膀的梦？

一声长笛，货轮渐渐驶离码头，张心远仍挥着手，向着岸边的人依依告别，直到熟悉的人和城市，终于远成一抹暗色的模糊影子，而张心远一双清秀的眼睛里，也蓦然落下两行离别泪。

百无聊赖中，他从包袱中取出一本杂志，借以打发孤寂的行程。杂志是新出刊的《小说月报》。这是当时发行最多的流行杂志，刊登的多是郑振铎、叶圣陶、巴金等一些大家的文章，也是他最喜欢读的一本杂志。翻开杂志，在杂志的中间夹着一封还没有拆封的信。看到信件，张心远的脸上浮现出一丝紧张和羞赧，一只手略微颤抖地抚摸着信封，翻来覆去看着。这是《小说月报》给他的回信，是他渴盼已久的，但此刻，却是相见情更怯，他反而没有胆量去拆开这封信了，他不知道这封信里，是宣告死刑，还是报告喜讯？

是的，这不是一般的信，是他梦中的蝴蝶，也是他渐显渐明的梦……

几个月前，他所在的蒙藏垦殖学校停学，为了继续求学，他没有回老家安徽，而是滞留上海。在上海混迹多年的东野堂兄，为他的生计着想，就介绍他进了文明进化团剧团。团里正好需要一个写海报、负责为新剧本写策划的专职人员。初到剧团，他就喜欢上了这份工作，因为工作相当轻松，而他在工作之余，还能有足够的时间用来看书，读自己最喜欢的杂志《小说月报》。

人生的路有许多转弯，谁也不知道自己会在哪个转弯处遇到一盏明灯，或者进入事业的巅峰。张心远进入文明进化团，则由此开始编织自己一生美丽的梦。

没进剧团之前，张心远是一位饱读诗书、满腹经纶的才子。初到剧团，本以为这只是一份赖以生存的工作，但没料到的是，他的清秀、文雅、翩翩风姿，却让他在本职工作做得俨然有序之余，还一不小心成了团里当红的名角。

一次偶然的机会，演出快要开演之际，饰演配角儿的演员因临时有事不能上场，身为团长的李君馨急得团团转，当一眼看到正聚精会神等着看戏的张心远时，一下就乐了，这小伙子飘逸俊秀，并且对演戏情有独钟，有好多次看到别人在台上演，他在台下跟着哼哼呢。于是，不由分说，李君馨便让他上台救场。好歹也在剧团混了这么多天，张心远也对一些剧本、台词了然于心，看到团长如此看好自己，当然乐得表现一番，于是匆匆化妆、换衣，未经排练戏剧就上了舞台。

大家本以为，他能做出个演员的样子上台晃一下就算完成任务了，但他在台上沉稳大气，风姿绰约，婉约可爱，把一个才子陈洪波演得活灵活现，意外地获得了阵阵掌声。

原来这书生还是块当角儿的料呀！李君馨和陈大悲两位团长像发现了明珠，以后屡屡让他登台，甚至在排演《卖油郎独占花魁》的时候，毫不犹豫就把男主角派给了他。张心远也真不负大家所望，俊美的扮相、飘逸的风姿，再加上软语温香、眼神流动，把一个有情有义的情圣卖油郎演得入木三分，惊艳了所有人。

从此，他在团里的身份就变成了两个，一个仍是尽职尽责的宣传部长，一个则是舞台上的当红名角儿。虽然夺尽了人们的眼球，他却仍如初来时模样，每天悄悄地来，演出过后匆匆地走。

那天，演出结束后，他匆匆赶回住处。经过一条小巷时，突然听到一声惨叫，接着一个白色身影冲出一户人家。张心远吓得一哆嗦，赶快靠墙站住了脚步，不明白发生了什么事。只见那户人家蓦地又冲出几个如狼似虎的男女，追赶上那个白衣女人，拖的拖拽的拽，不由分说又把那个女人拖回了家里，然后咣当一声关紧了门。紧接着，院子里传出女人的哀号声……

那撕心裂肺的哀恸声，吓得张心远愣了好久才反应过来，生性悲悯的他一直牵挂着这件事。后来，张心远通过打听，才知道了事情的原委：原来，这户人家的男人是一个中年残疾，仗着祖上留下来的钱，别的爱好没有，就是虐妻，在他手上，已经死了两个女人。张心远看到的白衣女子是男人花了五块大洋从乡下买来的三房。女孩子家穷，父母把她卖给人家，本以为给女儿找了个活路，但现在，女孩已经被折磨得奄奄一息，恐怕也活不了多久了……

张心远的心忍不住颤抖：世上还有如此可怜的女人！还有如此可恶的男人！心下恻然，翻转难以入睡，声声叹息女人命薄，桃花易劫。虽是陌路，那份凄婉却让人心恸，而生命易逝，更让人可怜可叹。心中悲情难掩之下，张心远干脆彻夜不眠写就了一篇洋洋洒洒三千言的小说《桃花劫》。小说用沉重的笔调，叹息女人的悲惨命运，感叹女人如桃花，桃花易遭劫。

"林花谢了春红，太匆匆，无奈朝来寒雨晚来风。胭脂泪，相留醉，几时重。自是人生长恨水长东。"在才子的心中，女人如水、如桃花，但却命薄如斯，易如春谢花碎。他感叹那个陌路女人的不幸，吟着南唐李煜的名句，在文后署名：愁花恨水生。把一腔的柔情和胸怀，融进了这几个幽幽意长的汉字里。

第二天一早，张心远就将稿子投给了《小说月报》。想来张心远那时的心情，也如现在的文学青年把凝聚着自己心血的稿子投出去之后，心中装满了希冀。但半个月过去了，投出去的稿件如泥牛入海，半点消息没有，张心远的心渐渐失望起来。

"看来，是凶多吉少，不过想想也正常，上刊的都是大家，自己一个小人物，不发表也属正常哦！"每天有演出的任务，每天有为剧团写海报的任务，心远很快把这件事给忘了。没想到今天行程之际，竟然收到了这封信。因为行程匆忙，张心远没顾上看信，就把信和杂志一并装进了包袱，此刻捧着信，依然是心慌、胆怯。

"大不了就是说文章毫无可取之处，这也是意料之中呀……"一半安慰一半鼓励后，张心远打开了信，只见上面写着：稿子很好，意思尤可钦佩，容缓选载……落款是《小说月报》的主编恽铁樵。

容缓选载?! 一股巨大的幸福冲击到头脑，张心远几乎兴奋得晕过去。容缓选载，就是说稿子可以用，并且会发表?! 而且还是主编亲自给自己回复?!

这时的张心远，就如一只飞越了沧海的蝴蝶，忽然间看到盛开着鲜花的陆地，生命一下有了无限生机！他兴奋得一下蹦了起来，举着双手高叫道："太好了！太好了……"

身边一个老年人惊诧地望着他，不明白一个这么清秀的人为什么会突然发疯，赶快站起来离开，免得有什么意外突然降临。张心远根本就没顾上别人吃惊的神情，这封信太让他激动了，就如暗夜里突然看到一盏明灯，有了方向。

紧紧捏着恽主编的亲笔回信，张心远凝视着早已消失在天边的上海，心里暗暗道：谢谢恽主编！我一定还会继续，一定要写出更多更优秀的小说来！

忍痛割爱为担当

安徽潜山县岭头乡黄岭村。这是一座依山傍水的村庄，也是一个风景秀美的地灵之地。在村中，张家的宅院算不得是最气派的一个，但却是最闻名乡里的一所。提起张家，不但村里妇孺皆知，就连十里八乡以外的外村人，也可谓无人不晓。张家祖上为朝廷武职官员，虽然举家在外为官，早几年才回到故居，但张家人朴实厚道、谦逊有礼的为人处世风格，赢得了村民的敬重和称赞。

张家的院落就在村子中央，围院而建的青砖蓝瓦大瓦房，沉静大气地立在秋阳下。门前一片池塘，碧水悠悠，十多只鸭子正在嬉戏。

张心远走进久别的故居，眼中霎地浸出一丝亮光。庭院，还是旧时模样，满墙褐碧色的爬山虎，片片圆叶正轻轻摇曳，像在欢迎远归的游子。风尘仆仆的张心远，再也抑制不住心中的激动，几乎奔跑一般推开了院门，叫了声："妈……"

院子里，一个身材不高的妇人正在清扫院落，听到喊声，老妇人回过头来，看清走进院来的少年，妇人顿时流下泪来，叫了声："远儿回来了……"

妇人正是张心远的母亲戴氏，五十来岁，慈眉善目。随着老夫人的惊喜声，从屋子里雀跃出几个孩子来，欢呼着围在了心远的身边：大妹其范、二弟心恒、双胞胎三弟四弟朴野、牧野、小妹其伟。最小的妹妹还不到三岁，大哥离家时她还小，记忆中没有大哥的亲昵和影子，所以，小姑娘站在人群后面，仰着小脸，愣愣地望着这位陌生人。

哇，好可爱的小妹呀！一别经年，亲人的笑语似乎模糊，猛一相见，恍惚如在梦中，张心远激动不已，赶快弯腰抱起了小妹，一边拿出糕点分给大家，一边哽咽着对母亲道："母亲，不孝儿回来了……"

"回来就好了，赶快进屋歇歇……"又惊又喜的戴老夫人和几个子女众星捧月般簇拥着心远进到堂屋。还没坐定，弟妹们已如小鸟一般叽叽喳喳问开了："大哥哥外面好玩么？""上海大么？上海都有什么呀？""上海有咱们这里这么高的山么……"

没出过远门的弟弟妹妹们，有着问不完的问题，围绕着他，也用浓浓的亲情缠绕着他，让他欢喜和激动。凝望着母亲，看着活泼的弟妹，张心远松下一口气来，家人平安安康，悬着的心也暂且放了下来。

张心远正要问母亲家里有什么急事招自己回来？母亲却先开口了，对着一群孩子说："让你们哥哥先休息一会，有事明天再说。"知子莫若母，分别时间再长，最懂儿子心的还是老母亲。戴老夫人交代啸空（心恒）："把你哥的行李还放地东厢房，那里有书，你哥离不开书……"

张心远来到东厢房，只见房屋内打理齐整，书桌上笔墨纸砚一尘不染，就如自己从没离开过一般。熟悉的环境，亲切的感觉，让张心远的心情顿时放松下来，回家的感觉真好。

坐在窗前，抚摸着依然摆在床头的书籍，张心远心似乎一下又飘回了童年：少年时，这里种下了自己远大理想的梦，那时，自己每天在这里读书、写字，做着一个又一个的凌云梦，如今，又回来了……

第二天，天还未亮，张心远就起了床，来到厨房，做早点。离家多日，他最想的就是为母亲尽一份孝心，以弥补自己长久不在母亲身边侍奉的亏欠。端着为母亲煮好的早茶进屋，只见母亲已经起床。看到儿子如此勤快孝顺，戴母顿时满脸含笑，说："心远，你又长进了。"

"全是母亲调教有方。"张心远赶快说，看到母亲心情极好，他的心也顿时甜丝丝的。

母子在堂屋坐下，张心远问母亲："不知母亲写信召回孩儿，有什么重要事情……"其实张心远想说的是：家里一派祥和宁静，不像有什么事呀？干吗急巴巴地把我叫回来，等于是让我半途废了学业呀。

戴母含笑望着儿子，不急不缓地说："说没事，也是大事，你是家中老大，一切家事你都得在肩上扛着。但现在你自己的事却办不好，当妈的这心里焦急呀。你如今已经长大成人，婚事却仍旧悬着，当妈的心里能不急……"

哦，急招自己回家，就是因为婚事？张心远微微皱了一下眉，说老实话，他心中萦绕的，一直是事业二字。从少年起，他就立下了远大理想，做一番惊天动地的事业，而婚事，他真的从未考虑过。所以，他对母亲说："可是我现在只想读书，不想成婚呢！"

"不是你想不想，而是你必须得成家了。你是长子，你若不成婚，岂不影响了弟弟妹妹们……"母亲脸上仍是温和的笑，但语气却坚定起来，"村子里和你一样大的人家，都已经结婚做了父亲了，传宗接代是第一要事，而且，你也不能老延误着影响你的弟妹们呀！"

张心远哑然了。因为在乡下，自古流传着这样一条不成文的规定：但凡家中兄弟姐妹多的，婚事一般从老大开始，若老大久久不结婚，不但下面的弟妹们无法成亲，人们还会以为这当老大的肯定有什么见不得人的毛病，一旦搁下，就再难成婚，好多成为无妻无夫的鳏寡孤独。当娘的当然不希望清俊的长子落到那样的悲惨下场。

"我不怕将来找不到老婆，我还想读书，你就先给弟妹们办喜事吧……"心中大事未定，梦未酬，就要进入婚姻，张心远一万个不甘心。"你还和我犟嘴么？你父亲下世的时候，你是怎样答应你父亲的……"儿子的反应似乎在预料之中，戴老夫人不急不慢，一字一句地问儿子。

张心远顿时哑口无语，母亲的话像锥子一样，一下子深深刺进了他的心。男子汉大丈夫，敢说敢做敢承担！他怎么能忘了呢！父亲临终时拉着他的手，殷殷交代："你是长子，从此没有人督促你，但你要担起长子的责任，担起家的重任，孝顺母亲，照顾弟妹……"望着病床上的父亲，张心远的心都碎了，紧握着父亲的手，他向父亲承诺说："心远一定尽心尽力侍奉母亲，照顾弟妹，让家人安康，幸福……"听了他的话，父亲含笑闭上了眼睛。

如今，父亲已去两年有余，但想这两年来，自己一心求学，不事稼穑，家中诸事俱老母代劳，如今，再让老母哀哀求之，于心何忍？心中最难是柔情，张心远一下跪在了母亲面前。这个柔情男人第一次在自己的人生大事上，折下了腰，低下了头，向母亲表示忏悔。因为亲情，他第一次对母亲说出了自己心不甘情不愿的话："好吧，儿子听母亲的……"

听到儿子的答复，戴夫人欣慰地笑了。她挽起儿子，半是宽慰半是劝解地说："当妈的知道你有雄心，但结了婚你就完成了人生大事，你还可以继续完成你的大事。而且，妈也不是不懂情理的人，这事虽然妈当家了，但你也能当一半的家，你的亲事妈一定让你满意。后天，妈和你亲自去相亲，你相中了咱们再定。"

母亲的话，让张心远的心里顿时觉得温暖，母亲还是爱自己的。因为在当时，青年人结婚，哪有相亲这一说，根本就是父母包办。那时，父母双方只是把各自儿女的生辰八字一报，两家人各自找个算卦象的合婚，觉得大吉大利，就定下吉日，迎娶进门了。青年男女在婚前，根本不可能相见，更别说相亲了。而若谁家姑娘在婚前见过夫家的男人，那是要被人笑掉大牙的。

　　"女孩子姓徐，也是大户人家，祖上也是当官的，父亲是这一带有名的教书先生，也算是诗礼传家，现在虽然家道没落，但人家女儿知书识礼，也不辱没了你。"戴母继续对儿子说。这话让张心远的心里多少有一丝安慰，诗书传家的女子，想来不会是乡村野女，能和自己琴瑟和鸣，也应该是美事一桩吧。张心远终于答应母亲，后天去相亲。

　　虽然得到了母亲的格外宽容，但张心远的心没有半丝喜悦，未来路太长，他不知道结了婚之后，自己还能不能继续读书，做自己喜欢做的事。他没有别的选择，身为长子，他只能顺从母亲，只能忍痛割爱来尽长子的责任和孝心。

桃花迷醉少年郎

张心远是个孝子，他体谅母亲独自承担家庭重担的不易，所以一回到家中，就不停地帮母亲做事，还把自己在上海的见闻讲给母亲听，希望能在母亲跟前多尽尽孝心。

而在弟弟妹妹眼中，他这个从上海求学归来的兄长，除了可亲，身上还有一缕神秘，他们围绕在他身边，从他的倾诉中领略那个他们没到过的花花世界。长兄如父，在亲近弟弟妹妹的同时，张心远也觉得，自己是长子，也是兄长，更得是弟妹们的表率。自己多时未在家中，母亲一人料理偌大的家庭，实在是辛苦，自己既然回来了，就应该多替母亲分担些。所以在给弟妹们讲述上海的繁华之时，还不停地鼓励他们要听母亲的话，要读好书，立大志，将来做大事业！

为了督促弟弟妹妹们认真读书，他甚至顾不上旅途劳累，到家的第二天就翻出自己从前的旧书本，教习弟妹们学习。

"士不可以不弘毅，任重而道远。仁以为己任，不亦重乎？

死而后已，不亦远乎……"清朗的读书声从书房里传出来，戴母走过窗前，倾听着孩子们的读书声，脸上浮出一抹宽慰的笑。为了不打扰孩子们，她又折身向上房走去，心中却不免在想：自从丈夫去世后，一家人的重担几乎都落在了她的身上。心远虽然身为长子，但一心发奋读书，不理生计。她暗自希望儿子能在结婚以后，像许多人那样，担起家的重任。

"戴嫂子，大侄子回来了没有……"随着一声招呼，一个胖胖的女人走了进来。女人穿戴很是鲜艳，蓝花的对襟小夹袄，西瓜皮翠的长裙子，头上还戴着两枝翡翠绿的花儿，头发抹得光溜溜的，脸上涂着厚厚的白粉，一见人先笑脸相迎，未说话亲热气氛先扑面而来。

看到来人，戴夫人赶快迎上前来，拉着客人的手，一边往上房里让一边说："劳妹子挂念，昨天下午就到家了……""哟，真是书礼传家！这一到家就开始念书了呀！"来人听到书房里传出的读书声，夸奖着说。"心远闲不下来，有点时间就爱读书……"戴夫人一边说着，一边叫心远出来接客。

张心远听到母亲叫自己，便赶快来到上房见客。胖女人一看张心远走进来，一把就拉住了张心远的手，上上下下打量个遍，然后双手一拍道："哎哟嫂子！可不是我说嘴，咱家公子和徐家小姐，这可真是郎才女貌，天设地造的一对呀！瞧咱家心远标致的，还有文采！徐家的小姐也不是我夸口，那可真是沉鱼落雁，闭月羞花呀……"

张心远被夸得有些不好意思起来，他这才知道，眼前的女人不是自己家的什么亲戚，而是媒人。是的，这女人正是他们村有名的媒婆，姓田，因为和戴夫人商定了明天要相亲，所以前来看看张心远回来了没有，顺便再敲定一下相亲的事情。

端上茶来，田媒婆一边喝茶一边对张心远说："你母亲说你是个新派人物，咱们虽然是乡下人，但也知道你们城里读书人的时髦，知道你们城里的年轻人上街都拉着手挎着膀子，那要是在乡下，可要丢死人咧！但这婚姻也确是一生大事，不能让你不高兴，得让你满意。婶子给你保媒的这徐家，也是十里八村数得着的大户人家，他们祖上也是做官的，现在虽然家道败落了，但瘦死的骆驼比马大，气派还在！而且，这徐先生也是这方圆几十里有名的老私塾先生，家里可谓是书礼传家、书香门第，决不辱没了大侄子！"

张心远并不想这么快就结婚，在他看来，自己学业未成，事业无成，这么早早结婚，真是在闹笑话！心里不太爽快，所以任这田媒婆说得天花乱坠，他却没有一点喜悦的表情，只淡淡地道了声谢。

田媒婆暗自笑了一下，徐家早答应她了，做好了这场媒，要重重谢她！人无利心不起早，看在重利的份上，她又鼓动起三寸不烂之舌，对张心远夸起来："不是婶子吹牛，这徐家在徐家楼可是数一数二的人家，提起他们家，人人都竖大拇指！尤其是这徐小姐，女工针织、诗书五经，样样精通，人们都说呀，谁要是娶了徐大小姐，那可真是祖辈上烧了高香呢！你们是不知道呀，每天给徐大小姐说媒的人都把人家的门槛踩破了，大侄子，你可真是好运气！徐家一听说你是读书人，立刻就同意了这婚事。明天就是徐老爷六十寿诞，徐家早搭起了戏台子，要宴请宾朋，请的是城里有名响器班前来唱戏祝寿。咱们到时悄悄去相看一番，你就知道婶子真没有说假话……"

张心远仍是淡淡地一笑，没有答话。戴夫人当然知道儿子的心思，于是赶快替儿子谢媒人："这事全凭妹子做主，只要能娶一个知书识礼、温柔娴雅的女人进门，我们家心远真心感谢你呢！"

"放心吧，肯定会让心远侄子高兴得从梦里笑醒呢！好，这事就这样定下来，你们弄好马车，咱们明天一吃过午饭就去……"田媒婆就像一只花喜鹊，叽叽喳喳和戴夫人商量好此事，就乐颠颠地告辞而去。

送走了田媒婆，张心远回到书房，还没站定，弟弟妹妹就一下涌了上来，笑嘻嘻地祝贺他说："恭喜大哥喜事临门！恭喜大哥娶新嫂子……"原来，刚才田媒婆在上房畅说之时，几个弟妹躲在窗户底下听得仔仔细细，所以此刻都围着大哥向他道喜。

"任人左右，何喜之有？"面对弟妹们的欣喜，张心远强装出笑脸，不想让自己的郁闷影响了他们的好心情，轻轻叹息了一声。"当然是喜事喽，大哥，徐家小姐可真是知书识礼，闭月羞花呢！把个文曲星新嫂子娶进来，和大哥比翼双飞，那不是喜事是什么！"大妹其范已经长得快和他一般高了，她聪明灵秀，一猜就能猜出大哥的心思，于是笑嘻嘻地说。

如果真能比翼双飞，琴瑟和鸣，那倒真是人间一件幸事！被妹妹的乐观感染，张心远也不由微微一笑。"肯定的，徐家是诗书传家，徐先生方园闻名，他调教出来的女儿还会有差？"其范热情地鼓励大哥。

"凤凰于飞，翙翙其羽，亦集爰止……"夜幕降临，但张心远没有丝毫困意，独自坐在他的卧室兼书房里，捧着诗经轻声吟诵。哪个少女不怀春，哪个少男不钟情。虽然未曾谋面，但这位能说会道的田媒婆，已经在张心远的心中勾勒出了一位美丽贤淑的美女形象。这让本身对这桩婚事并不满意的张心远，也开始遐想，并且渴望着明天的相亲了。

夜深了，张心远仍辗转反侧不寐，于是索性起了身，来到院子里。夜色寂静如水，张心远独自徘徊在院中的桂树下，凝望着天际的明月，他的思绪蓦然回到十多年前。

"有女淑雅，堪比秋凤，心远心足也……"张心远呢喃着，而在打开的记忆中，一个美丽的女孩盈盈笑着向他走来。这是一位纯美如水的女孩，活泼轻盈的身体，如花绽放的笑靥，让张心远的唇边不由自主地浮上一抹甜蜜的笑。其实没有人知道，在他的心中，爱情中的女子形象，几乎就是按着记忆中这位美丽的女孩来设计的：美丽淑雅，兰心蕙质……总之，她要像凤凰一样端庄轻盈、高贵美丽。

爱情，是美好的，也是让人充满遐想的，而在张心远的心灵深处，永远珍藏着这么一幅清雅的画卷，画卷中盈盈婷立着一个女孩靓丽的身影。这是十多年前的记忆。那时，刚刚八岁的张心远跟随父亲来到南昌任上，为了让他精进学业，父亲把他送入当地一家著名的书馆读书。八岁的异乡少年，到人地俱生的地方，眼神不免有些慌乱，身影也显得孤独。

但让他倍感欣慰的是，走进学堂的第一天，一个清纯的女孩子就走近了他。

那天快放学的时候，竟然下起了小雨。张心远没有带雨具，所以有些不知所措地站在学堂里，打算等雨停了再回家。这时，一个小女孩笑嘻嘻地向他走来。这是一个和他一般大的小女孩，闪着两只如水的眸子，手里拿着一把油布伞，然后热情地拉起了他的手，对他说："小哥哥，不要怕，我叫秋凤，我们一起回家吧！"

于是，两个少年，手挽手肩并肩地共撑着一把黄灿灿的油布伞，走进了雨幕中……

那个淅沥的雨景，成了张心远心中永远美丽的景致。这个女孩，就是他的同班同学，叫于秋凤。而让他欣喜若狂的是，于秋凤不但和他同在一所学堂读书，两人的父亲还是同僚，更巧的是，就住在隔壁。这样，两个初相识的少年就开始了上学一起来、放学一起走的同窗生涯。

于秋凤性格温柔活泼，爱笑，心地格外善良，她尤其喜欢这个刚认识的小哥哥，不但每天和他一起上学、放学，还每每从家里带了好吃的食物让他品尝。两个孩子每天一起回家，不是你来我家读书，就是我去你家玩耍，好得形影不离。

秋凤明眸浩齿，清俊优雅，也深得张心远父母的喜欢，每每小姑娘来到张家玩耍，张母也总拿出最好吃的东西招待这位小客人。而姿仪出众、清俊飘逸的张心远也得到了于家人的真心喜欢，甚至每每看到两个少年在一起玩耍时，于家的人还会笑笑嘻嘻地说："呀，好个标致的小人儿，和咱们家小姐还真像一对儿呢！"

那一年的除夕，父母整理了一盘果子，让张心远送到于家去。端着果子来到于家，只见秋凤正嚷嚷着要出去呢，看到心远来了，于母笑道："可真是玩心疯了，一会不见就要急着去找你呢，现在来了，就多陪你妹妹玩一会吧……"原来，秋凤是急着要去找心远玩呢，因为大除夕的，怕张家忙，所以于夫人硬拉着不让去。

那一晚，张心远就在于家吃晚饭，吃过晚饭，于夫人还兴致勃勃地拿出升官图来，让孩子玩掷升官图。"心远哥哥先掷……"爱笑的秋凤说自己是主人，而心远哥哥是客人，所以谦让着让客人先来。张心远呢，说自己是哥哥，当然得让着妹妹，坚持要让秋凤先掷。两个人你推我让，惹得一旁的于夫人和丈夫不停地笑。

那一晚，张心远一直在于家玩到深夜，不过让他脸红的是，虽然他是男孩子，并且还被秋凤不停地叫哥哥，但游戏的水平实在不高超，每一局都是秋凤赢。玩到最后，秋凤不但官职比他大许多，还赢了差不多两碟子的糖果。

"嘻嘻，心远哥哥，我才不要当官呢，如果我当了官，我就把官让给哥哥来当！"秋凤一边和心远哥哥品尝着胜利果实，一边真诚地对心远说。其实，玩输了游戏，张心远一点也没难受，每每看到小妹妹如此机灵可爱，他心里也洋溢着莫名的喜悦之情。

"他们两小无猜，又秉知性情，如果真能成一家人，心远肯定会处处让着凤儿，凤儿肯定不会受公婆欺负，倒是一对美姻缘呢！"看到他们两个你让我谦的，一旁的于夫人对丈夫说道。于先生也笑眯眯地望着两个孩子，说："一切看机缘。"虽然只是一句笑话，但已初懂人事的张心远不由得心花怒放，拉着秋凤妹妹的手，紧紧地握了一下。

第二天是初一，张心远起床的第一件事，就是飞快地奔向于家，要去给秋凤妹妹拜年。没想到刚冲进于家，就被秋凤的姐弟抱的抱、搂的搂，哈哈笑着说："新郎官来了，赶快拜堂成亲喽……"随着吆喝，只见早有人把秋凤也从屋子里拖了出来，按着他们非要他们拜天地。

原来昨晚于夫人的话，已经传遍了于府，今年大年初一，大家正好拿着他们两人开心。张心远羞得脸蛋绯红，却并不躲闪，能和秋凤妹妹拜堂成亲，那真是一件新年里最美的事！但秋凤却不乐意了，她咯咯笑着，拼命挣脱了众人，飞快地逃向客厅。奔到客厅，似乎有些不舍，忍不住回过头对着张心远甜甜一笑。

回眸一笑百媚生，从此少年不忘情……回想着少年时的光景，张心远的心醉了，但让人遗憾的是，那个美丽的少女，已永远成了梦中的光景。第二年，张心远的父亲调离南昌，张心远跟随父亲宦海飘零，竟然再也没有见到过秋凤妹妹。

世事两隔，但美丽的倩影却永远留在了他的心中，如果此时的新娘子，也当如秋凤妩媚，温柔，那才真是老天不负自己！

等待的时光是漫长而焦心的，在走坐不安中，终于等到了第二天下午。刚吃过午饭，田媒婆就叽叽喳喳地登门了。戴夫人早准备好了马车，张心远也换上干净的长衫，打扮得清清爽爽，和母亲一道在田媒婆的陪伴下，赶往徐家楼。

　　刚进村子，就听到锣鼓喧天，人声嘈杂。因为是偷偷相亲，所以田媒婆让把车子停在村口，几个人步行来到徐家门前。戏台就搭在徐家大门外，只见戏台下黑压压已经站满了人，把戏台围得水泄不通。而在戏台对面，徐家的高楼上，也坐满了戴珠插翠的女眷们。

　　田媒婆指着看楼的一角对张心远说："看到没，那个穿绿色的姑娘就是徐小姐。人家可是诗礼人家，你看徐小姐多稳重，多秀气……"

　　张心远抬眼望去，只见楼台的边上，坐着两个女孩子，一个身穿红衣，梳着一条油光发亮的大辫子，背对着他们。另一个一身翠绿夹袄，梳着两个发吉，正聚精会神地看戏。再细一看，这绿衣姑娘下身系一条嫩粉色长裙，身材窈窕，容颜清丽，额前留了一抹齐流海，脑袋两侧用红头绳挽着两个秀气的发髻，远远望去，真是又美丽又清爽，就像仙女下凡一般。

　　看到如此清丽俊美的未婚妻，张心远心中高兴万分，脸上不禁浮上满意的笑来。"看清楚了吧？徐家小姐可是徐家楼的凤凰！你小子有福呀！"田媒婆得意地说。

　　若得此佳人，苍天真不负自己！看清了未婚妻，张心远的心情顿时像浸在了六月里的冰爽蜜汁里，美透了。

并蒂难开绮梦残

只一眼
你的美丽便在我心中驻下了芳影
从此挥之不去
萦绕我的清梦……

人生的际遇也许正是如此，当缘分来临，哪怕只是惊鸿一瞥，也会从此挥之不去。张心远正是如此，虽然只是远远一瞥，但徐家姑娘的芳影真的从此留在了他的心田，温馨着他的梦境，让他对这桩原本十分抗拒的婚姻变得半推半就起来。

那天，他刚和母亲偷偷相亲回到家中，弟妹们便一下围了上来，七嘴八舌地问他："哥哥，新嫂子漂亮么？""大哥，新嫂子是不是很温柔呀……"

张心远的亲事是家里多年来的第一场喜事，为了迎接即将到来的家庭新成员，弟弟妹妹的心情和他一样激动。"大哥，有了新嫂子，咱家里多了一个人，就有人帮母亲做家务，也有人陪着大哥读书写字了。"大妹其范笑眯眯地祝福着大哥。她和其他的弟妹们一样，也盼望着哥哥娶一个温柔、漂亮的女子进门，这样才家庭和顺，哥哥也才会满意。

面对弟妹们的热情盘问，张心远呵呵傻笑了两声，不好意思回答，但他心里却荡漾起了温柔的涟漪。徐家姑娘清新委婉，窈窕可爱，能娶上这样可人的女子为妻，也不负自己的心愿。

"窈窕淑女，琴瑟友之，窈窕淑女，钟鼓乐之……"诗经里美好和谐的爱情，已经如一幅清新淡雅的水彩画，靓丽地展现在张心远眼前。想到即将到来的幸福生活，张心远开始憧憬起未来的幸福生活，想象着牵着这个如花般女子的手，并肩走在开满野花的乡间小路上。这样的路不是寂寞的，而是充满了灵性和趣味的，因为有他的诵诗声，有她的欢笑声。

按乡间的规矩，两家议婚，商谈婚事的主动权一般都在男方。但张心远的婚事，却有点出乎他的意料，因为偷相过后，他和母亲还没来得及去央求媒人再到徐家商谈婚事，女方家却再次派媒婆登门了。

媒人自然还是那个能说会道的田婆媒，一进门就咯咯笑着向张心远道喜，说他真是好福气，找到了这么通情达理又漂亮贤惠的好未婚妻，把同村的小伙子们羡慕得不得了呢！一番夸奖后，田媒婆如实传达了徐家的意思：看重张家是世代书香，所以不计较张家现在门庭衰落，情愿少要财礼，尽早把女儿嫁过来。

戴夫人一听，不由满心喜悦，连连夸奖女方家体贴人心，第二天就和田媒婆一道，找了个当地有名的算命先生，请求择个好日子让儿子成亲。算命先生一番掐指后，为张心远定好了婚期：腊月初八。说这天是个双吉日，张家要是在这一天办喜事，不但举家和顺，来年就能添丁进口呢。戴夫人一听，心中大喜，回家就让张心远在朱红纸上写好佳期，连同聘礼一齐送往徐家。

张心远的终身大事，就在火箭般的速度中定下了。闪电一样的速度，让张心远有些莫名的失落，也有些小小的惊恐，因为他不知道，即将到来的婚姻，是幸还是不幸？这婚姻是从此让自己走进迷醉的桃花世界，还是在身上加了根绳索？结婚后，自己还能像从前那样，以读书为重，游走四方交朋拜友么？新娘子是那么的清雅美丽，她的性格会像她的容颜一样悦人心脾么……

张心远的心里，就如狂涛中的小舟，在喜悦和忧郁中左右摇摆着。但戴夫人却不理会儿子的多愁善感，急切盼望儿媳进门的她，在和徐家敲定婚期的第二天起，就开始准备婚事。她带着几个孩子打扫房间、置办家具、通知亲友，一切都做的有条不紊。

终于，在紧张忙碌中，很快迎来了喜庆日子，张家张灯结彩，准备迎娶新娘子。为了儿子的婚事，戴夫人也颇费了许多心思，把张心远的房间布置得喜气盈人。房间里换上了新墙纸，张着红纱帐幔，窗户上粘着大红纸剪的喜庆窗花。这些窗花也是戴夫人的杰作，每一个窗户上粘贴的窗花都不相同，有百鸟朝凤、有双喜临门、有早生贵子……每一幅窗花里都洋溢着一个母亲的渴望和期望。

张家虽然没有了顶梁柱，但也算书香门第、大户人家，所以戴夫人下决心要把这场喜事办得风风光光的，除了把家里布置得气氛像过大节一般，还特地请了一个戏班子，在府前搭上了戏台，婚礼前两天就热热闹闹地唱了起来，一时间，府里府外，一派欢天喜地，就等着新娘子进门拜天地了。

转眼，到了成亲这天，张心远披红挂彩，在众亲戚的簇拥下，敲锣打鼓迎娶回了新娘子，也迎回了新娘子从府门排到大街上的丰厚嫁妆。这些嫁妆着实费了新娘子父母的不少心思，从脸盆架到脚踏、衣柜子、被箱子……真是应有尽有，每件嫁妆都用朱红漆漆得油光闪亮，耀人眼睛，看得邻居们啧啧称赞。新娘子出身书香家庭，又带来这么多嫁妆，着实给张家长足了面子，看热闹的人几乎把张家的院子围得水泄不通，纷纷称赞张家祖上积了德，娶到这样一门好姻缘。

终于，喧闹的人们散去了，前来祝贺的亲人们也走了，婚礼的主角张心远也要开始新婚最隆重的大节目——入洞房。

洞房里，烛光摇曳，暗香飘溢，而在灯花开处，新娘子含羞端坐在床头，头上的红盖头映着烛光，散发着喜庆的红光。身披红花的张心远心情激动地望着他的新娘子，憧憬着即将到来的幸福。当然，和他同样激动的，是聚在他洞房外的一大帮亲朋。闹洞房是乡间婚庆时必不可少的节目，大家都捂着嘴，忍着笑，想听听这位饱读诗书的新郎官，和他的新娘子是怎样别开生面的洞房。

没有预期的甜美呢喃，没有想象中的暧昧声音，从洞房里突然传来一声哀号，一下把听洞房的人给吓得魂惊天外，洞房里怎么能有这样悲愤而伤心的嚎叫呀？正在惊疑，只见洞房的门刷地拉开了，接着一个黑影像疯了一般窜出洞房，转眼消失在无边的黑暗中……

啊？大家一下愣住了，不明白发生了什么事，赶快冲进洞房一看，只见洞房里，新娘子捂着脸哭的泪人一般，而新郎官，却早已不见了踪影。

"跑了，跑了！新郎官跑了！"有人叫了起来，人们万分惊讶，不明白这大喜的日子，新郎官发什么神经。听说儿子竟然从洞房里跑了，正在客厅和亲戚说话的戴夫人大惊失色，赶快来到新房察看情况。

看到婆婆来了，新娘子也顾不得害羞了，擦干了眼泪迎接婆婆。这时，众人才看清新娘子的容貌：呀，只见她个子不高，身材微胖，此刻满脸泪痕，不是多美丽，但看上去倒也楚楚可怜。

"怎么回事呀……"戴夫人焦急地问，新婚之夜，儿子竟然逃离了洞房，这当妈的怎么能不焦急万分呢。但当她的眼光落在新娘子身上时，也不由得一愣，顿时张开了嘴巴说不出话来。看到婆婆惊讶的表情，新娘子更加羞愧，在她哭哭啼啼的诉说中，人们也明白了事情的原委：

"洞房花烛夜，金榜题名时。"对于男人来说，洞房花烛和皇榜高中应该是人生中最为快慰的两件事情了。而此时，微微喝了一点酒的张心远更是心情激动，他走近新娘子，激动得甚至可以听到自己的心跳。那天遥远的一瞥，新娘子清丽的身影在他心中留下了美丽的印象——如水，如梦，也编织着他一生的绮梦。

他在新娘子身边坐了下来，心中有许多话想说，但却不知如何说好，紧张中他伸手握住了新娘子的手，轻轻对她说："我喜欢读书，幸好你也是认得字的，从此后咱们就比翼双飞，你恩我爱，我读书，你写字，琴瑟和鸣，你喜欢么……"

新子没有说话，被他握着的手轻轻颤抖了一下。

新娘子和自己一样激动。也许是新娘子的文弱激起了张心远的豪气，他拿起桌上的秤杆，用颤抖的手挑开了新娘子的红盖头。在他想象中，此刻在自己脸前的应该是一副美丽俊秀的脸庞和一双如水的清眸，笑盈盈地望着他……

但是，眼前的人却吓得他一声惊叫，手中的秤杆也扑得一声砸在地上。只见眼前的是一个他根本不认得的女人，和他那天看到的清丽影子根本天差地别！是洞房里的灯太摇曳了么？让自己眼花无法看清新娘子？还是自己刚才被灌了一杯酒，以至于眼神迷离呢？

他揉了揉眼睛，再次紧紧盯着新娘子，不错，真的不是那天看到的人呀！他还没有到老眼昏花的地步，当然记得不久前的那次相亲，那个远望了一眼的女子——轻盈，窈窕，脸若桃花，眼若湖，樱桃小口一点点，不管从哪方面说，都绝对是一个小家碧玉的小美人。但是眼前呢，只是一张普通的脸，和一般的乡间女子没有什么区别呀。

怎么回事?! 张心远惊的魂儿都出来了，捂着发疼的胸口指着新娘子问："你，你是谁？你是谁？""我是徐大毛呀。"新娘子倒是大方，站了起来，向他走去。张心远一下子跳得更远了，指着她叫道："你不要过来，你告诉我这是怎么回事！你根本不是徐大毛！你告诉我是怎么回事！"

新娘子难过得低下了头，但她的讲述却无疑是一把锋利的尖刀，一下就搅碎了张心远的五脏六腑。原来，眼前的这位新娘子才是真正的徐大毛，是徐家配给他的新娘子。而那天他看到的，只是徐大毛的妹妹而已。因为自己相貌普通，张家是书香门第，怕张心远相不中自己，所以田媒婆才想了个主意，让妹妹假装是自己，好让自己嫁进张府来……

啊?? 原来漂亮的新娘子，竟然是雾中花，水中月！自己竟然被结结实实地给骗了呀！张心远又羞又气，再也忍不住，狂叫一声，转身奔出了洞房。

众人一阵嗟叹，新娘子长得普通倒也罢了，却还做出这样的事来，新郎官不气疯才怪呢！明白了事情的原委，戴夫人也气得浑身颤抖，但事已至此，徐家就是再不是，已经拜过了花堂，喝过了交杯酒，并且也宴请了亲戚乡朋，总没有再把新娘子退回去的道理呀！

戴夫人顾不上责备儿媳妇，强忍着气，央求亲朋，得先赶快把儿子找回来才是，这深更半夜的，又是新婚之夜，可不能让儿子出了问题呀！一句话提醒了众人，纷纷打着灯笼走出张府，到处去寻找新郎官。

当洞房里因为跑了新郎而闹翻了天时，张心远正躲在离家几里远的一个山洞里，伤心欲绝。所谓的自由婚姻，竟然是一场骗局?！自己牵挂的漂亮新娘子，竟然也只是一个虚幻的影子！相伴自己终身的，竟然是一个欺骗了自己的女人?!

> 金玉良缘将我骗
> 害妹妹魂归离恨天
> 你和我情深犹如亲兄妹
> 那时候两小无猜共枕眠
> ……

泪水扑簌簌从脸上滑落下来，他不由又想起自己喜欢的红楼梦的唱词。当年，读小说读到这一节，看到贾宝玉被骗婚时肝肠寸断，他也忍不住泪流满面无限悲愤，为宝玉和黛玉的爱情痛彻心扉，没想到现在自己竟然落了个和贾宝玉一样的命运！原以为从此可以才子佳人、比翼双飞，没想到自己却被结结实实骗了个彻头彻尾！

怎么办？怎么办？

张心远感觉自己就如一叶小舟飘摇进了狂涛巨浪的大海，失去了方向，找不到归岸……

正在他又哭又难受时，忽然传来一阵纷至沓来的脚步声，接着一个惊喜的声音叫道："在这里呢……"

原来，搜寻张心远的人终于找到了这里，发现了已经神情恍惚的张心远。一看众人来了，张心远霎时明白过来，被捉回去，就是要和那个可恶的新娘子入洞房呀！不要！不要！他狂跳起来，想继续逃奔。但架不住来人众多，大家不由分说，架胳膊的架胳膊，抬腿的抬腿，七手八脚把他又弄回了家里。

十几个人像押解罪犯一般，终于把张心远交到了戴夫人手上，看着被众人抬进来的儿子，戴夫人是又气又心疼，只得先让众人把儿子送进洞房，自己也跟了进来，苦口婆心地劝他，事已至此，这事也不能全怪大毛，好歹现在她也成了张家人，他只能接受这门亲事。

但不管戴夫人如何劝说，张心远就像一尊木雕一般，不言不语，傻傻地坐在那儿。最后，戴夫人没有办法，只得让众人离开，然后把洞房的门从外面扣上。老夫人觉得，把一对正年轻的人同放在一个房间，而且他们又是正式拜过花堂的，不怕干柴不燃烧。

戴夫人还真想错了，众人刚一离开，自知愧对张心远的新娘子就赶快放下身价，含羞邀请张心远上床休息，但张心远却像未听到一般，抱起被子把自己一裹，像一个花团锦簇的彩色大粽子一般缩在椅子上，不言不语，摆明了要和她划清界限的样子。毕竟女人家脸皮薄，邀请了几次，人家一直这样冷态度，也死了心，又不好扔下人家就睡，只得倚靠着床栏，朦朦胧胧小憩了一会儿。两个年轻人的新婚之夜，就在这样又难堪又尴尬的境遇中度过了。

新人无情无绪，戴夫人也是辗转反侧，一晚上没敢合一下眼，担心着儿子和媳妇，所以天还没有大亮就起了床，准备为家人准备早餐。戴夫人刚走到客厅，就听到新房的门吱呀一声开了，随着一阵细碎的脚步声，一个红色的身影闪了进来，恭敬地对她弯身下拜道："母亲早安！"原来是新儿媳早起给她问安来了，请完安又转身进了厨房，说是要去为大家做早点。

听着厨房里传来做饭的声音，戴夫人不由得叹了口气，新娘子虽然长得不太漂亮，但却颇懂礼仪，也算实在，新婚第一天就肯下厨房做饭，看来是个过日子的主儿。可是这样的儿媳儿子却不喜欢，这个傻孩子，他根本不知道居家过日子，要的是能干、实在又贤惠的媳妇，如果娶一个墙上挂，倒是好看了，但能扛得起这一大家子的家务事么？

张家从来没有迟睡的习惯，何况家里还刚刚发生了这样的重要事情，这边戴夫人刚洗过脸，其他几个孩子早就起来了，一起来到了上房里，围着母亲，戴夫人还没说话，就见新媳妇又进来了。看到新嫂子，懂事的其范赶快问嫂子安，但生性调皮的啸空和牧野几个，则嘻嘻哈哈地围着新嫂子打趣，问哥哥是不是昨晚累了，所以还没起床？新娘子真好脾气，面对虎狼一样的弟妹们，微微一笑，然后抱着最小的妹妹其伟帮她洗脸。

新婚后的第一顿早饭，张心远缺席，他依旧裹着被子在椅子上酣睡，其实他也根本没睡着，上房里一切声音他都听得清楚，他只是用这种方式对所有的人表明：自己不喜欢这个新娘子，不接受她！

新娘子当然知道老公不喜欢自己，但她却从不在脸上显露，从新婚的第二天起，她就承担了一个贤惠而能干的媳妇所应承担的职责：做家务、照顾弟妹，每天忙得不亦乐乎。

"妈妈，新嫂子好勤快哦……"其范偎在母亲的身边，欣喜地对母亲说，"这下子，可有人帮着妈妈做家务了，妈妈以后再也不用辛苦了……""就是就是，新嫂子的手好灵巧哦，给我做的鞋子真好看……"二弟啸空也由衷地说。

戴夫人脸上浮上笑来，虽然新儿媳到家才没几天，但她耐劳、善良，并且心灵手巧，纺花织布样样拿手，一天能下几匹布呢。白天辛苦，晚上也不舍得休息，一晚上可以纳好一只鞋底，两个晚上就做好了一双鞋。除了勤劳，她对张家这一大帮弟妹们，也亲热得很，哪个需要她做什么事，从不推辞，就是亲姐妹，也不过如此。这样的儿媳，戴夫人先就喜欢起来，新儿媳虽然长得不漂亮，也不识字，但她勤快，善良，里里外外一把手，到家没几天，自己就感觉到了从未有过的轻松。

娶妻当娶这样的女人。在戴夫人眼里，娶个儿媳是操持家务，传宗接代的，这些，新儿媳都能做得相当好，至于漂亮和断文识字，那都是不顶穿不顶饥的玩意儿，都是浮的，眼前的儿媳才是真正的好！虽然儿子心里还不待见，但日久生情，她不信这样的儿媳会得不到儿子的欢心。

但一向知子的戴夫人，这一次却真的没能琢磨准儿子的心声。虽然一家人都喜欢起新娘子，但张心远却从不正眼看一眼新婚妻子。从结婚的第二天起，他就住在了书房里，拒绝到新房里睡觉。一看儿子没能按自己预想的那样日久生情，反而躲到了书房里，戴夫人急了，亲自来到书房对张心远说："你是要气死我呀？"

"没有，妈妈，你快坐……"一看母亲来了，张心远放下手里的书，赶快给母亲搬过凳子，让母亲坐下，忙对母亲说，"孩子就是有天大的胆，也不敢要气伤母亲呀！我是想趁着年轻，赶快读书，也许会有个好前程呢！"

"心远，你已经成婚了，就该撑起门户，别成天光记着读书呀什么的，那不顶用……"戴夫人说不下去了，心里一阵难过。因为丈夫的早逝，家里孩子众多，她一个妇道人家，实在难以支撑，所以耽误了孩子的前程。心远且不说了，就是啸空，小时候读书也是极伶俐的，但丈夫去世后，孩子懂事，早早就停了学业，开始做生意赚钱维持家用。她叹了口气，又对心远说："你是长子，家里的事你也得担当些呀，你看啸空都已经不读书，去做生意了……"

"妈妈，我正是看到了弟弟辛苦，所以才更要发奋读书呀！"张心远赶快对母亲说，"你也看到了，大弟实在太辛苦了，但想要改变命运，也只有读书呀。妈妈，你别拦着我，我一定要读书，读出大出息，好让母亲和弟弟妹妹们过上好生活，这正是我要做的呀！"

张心远的话，让戴夫人心里难受。心远是孩子们中最聪明的一个，丈夫没死时，孩子已经考上了留学的名额，本来就要踏上去外国的行程了，因为丈夫的突然去世，家中实在凑不出学费来，才把孩子耽误至此。现在，孩子想奔着读书去闯一条路，也不是孩子的错呀！

怕儿子心中难受，戴夫人也舍不得过多责备儿子，所以快快地走出了儿子的书房，只在心里盼望着儿子能看清现实。

望着母亲的背影，张心远也在心里暗暗叹气。这场婚姻，是母亲的期盼，他焉能看不出来？但一想到藏在心底的影子，他就觉得自己不能妥协，一旦妥协了，自己的梦就真的永远只是梦了！

不行，自己是个男子汉，得行动起来，把藏在心底的梦给抓出来，明明白白地放在眼前！这样，方不负自己这么多年的相思和渴盼呀！

当张家人都满心希望地盼望着张心远和新婚妻子和好如初时，张心远的心中却暗暗打定主意，决定实施自己打算了好久的计划，去寻找自己梦里的爱情，让眼前这个自己十二分不满意的婚姻彻底决裂。

遥望青梅相思涩

早春时的新淦街头，寒风料峭，在薄薄的晨雾中，张心远走进了古街中。他激动地望着这座曾经生活过的地方，眼里有惊喜，也有一丝隐隐的忧郁。

刚过了年，张心远就对母亲说，他要出门拜访朋友，并想找个读书的好地方，继续自己的学业。母亲拦不住他，只得放行，于是，张心远就如出了笼的小鸟一般，直接飞向了他梦中的地方。

来这里是为了圆他暗藏了一个冬天的心愿：寻找他的梦，寻找梦中的清丽身影。

"卖清汤，热乎的清汤，麻辣的清汤……"一个挑着清汤摊子的小贩走过来，高声吆喝着。清汤就是北方的混沌，此刻，饥肠辘辘的张心远顿时感觉腹中饥渴，于是叫住了挑担子正要走过的小贩："来一碗清汤，师傅。"

买了一碗清汤，张心远当街吃起来，眼睛却仍忍不住贪婪地打量着眼前的街景，古朴的街道，熟悉的味道，自己又回来了，伊人还在么？

"小哥是外来的？"看到张心远不住地打量着街道，满脸好奇，爱说的小贩忍不住问。"嗯。"张心远只好答应说。"那您就不知道了，在这新淦城里，我江家的清汤那可是有名的……"小贩真爱说，立马对这个外乡人吹嘘起来。

张心远笑了笑，没有打断他，曾经在这里生活过，他当然知道，在这个城里，江家的清汤是有名的。而这清汤里，还有着伊人的影子。他怎么能不记得，那年元宵节，母亲带着自己和于家的人一起去看花灯，回来晚了，他直嚷嚷饿。秋凤的母亲就赶快拦住一个清汤挑子，给孩子们每人买了一碗，坐在街边吃起来。张心远虽然是真饿了，却记挂着秋凤也和自己一样饿了一晚上呢，于是端着碗赶快先问秋凤："秋凤妹子，你先吃我的！"

"你还好意思让我吃呀，你不害羞，让我妈给你买清汤。"秋凤一点不承他的情，差他说。一句话惹得两位母亲都笑起来。张心远不好意思赶快往嘴里填，但正吃着，却噗的一声，有人往自己的碗里倒清汤，抬头一看，只见秋凤正把她碗里的清汤往他碗里拨，一边悄悄对他说："你个子高，吃得多，我均给你点，你好吃饱……"

想着往事，张心远不由甜甜笑起来。吃完清汤，张心远就甩开脚步向正街走去。

风迢迢远足客人，意殷殷探访佳人。曾记那时青梅，此时含香依旧。没有人能够理解那时张心远的心情，犹如挣脱囚笼的小鸟，他想把最动听的鸣叫唱给心爱的人；而他此刻最大的心愿，就是赶快见到秋凤。

张心远停住了脚步，站在曾经生活过的家门前，惊喜地望着眼前熟悉又陌生的一切。

越过千山，终于回到了梦里的桃花源，张心远却激动得不知所措了，就那么痴痴地望着伊人的家门，愣愣地发起呆来。

走到了门边，张心远又折了回来，也许正应了"近乡情更怯"这句古话，他心里的不安压倒了狂喜，这一别近乎十年。十年，昔日的小丫头也应该出落成了窈窕淑女，她还认得自己么？她还记得那些青梅竹马的话么？

惊喜不安的他，恍惚又看到秋凤清丽的身影，又黑又亮的辫子，水汪汪的眼睛。终于，在于家门前徘徊了好久的张心远决定走上前去敲门。刚走到门前，就听到门里有声音说："要早去早回，不能耽误了待客……"是一个中年女人的声音。

"晓得了，我这就去……"随着应声，门打开了，走出来一个五十来岁模样的妇人，正和张心远打了个照面。张心远一愣，这个人，在记忆中他根本没见过呀。在他的记忆中，秋凤的奶妈，也是一个标致而苗条的女人，绝不是眼前这般胖壮的呀。只几年的光景，不会变得这么快吧？难道于家又换了仆人？

女人也吃惊地望着正向门里张望的张心远，不客气地问他："你在这里干什么？你要找谁？"

"我，我……"张心远一时有些发怔，赶快说："大婶，我是来拜访于叔叔的。"

"什么？"妇人停下了脚，扭回身上上下下打量着张心远，然后不确切地问了句："你找谁？"

"于叔叔可好？婶娘可好？"张心远赶快说。或许，于家又换仆了人，也未可知。

"这里没有姓于的……"妇人说完，不客气地扭身就要走。

啊？没有姓于的，这怎么可能？！张心远慌了，赶快追上去说："打扰您了，这里不是于家？家里有个女儿叫于秋凤？"

"什么于家李家，我们家老爷姓牛！"妇人不客气地说，眼瞪得像铜铃，好像站在她面前的是一个彻头彻尾的骗子，她的火眼金睛会看得他无处遁身。

啊？姓牛？那可是风马牛不相及！张心远慌了，回头再看，是呀，这个地方，这个门庭，就是再经历十万年劫难，也不会忘，这里的一砖一瓦，都是刻在脑海中的，一生一世都不会忘记的。

只是茫茫十年，自己尚且经历了那么多事，焉知这里不是沧海变桑田？"就是一直在这里住，于先生曾在衙门任职，他们一家子都住在这里……"张心远心中开始飘起不安，但他还想揪住最后一根稻草，所以更加详细地把于家的信息说给这位妇人听，既然住在这里，就不会对前面的主人家一点不了解吧？

"哦，你早说是他呀，早搬走了。"妇人恍然大悟地说。

"啊？搬走了？"张心远一下子感觉掉进了冰窟窿，千里迢迢赶到这里来，得到的却是这样一个答案。

看眼前的小伙子像傻了一样，妇人说："你是不是有急事，我搬来不久，你问问别人，或许能问到的消息。"

"这不是心远么?"张心远扭过头，看到一位白发苍苍的老头子向他走过来："我听到门外有人寻于家，出来看，还真是你……"

这吴伯也曾是张心远在此住时的邻居。当下拉着张心远进了自己的家，热情地询问他父母和兄弟的情况，张心远只得告诉他，母亲安好，弟妹也都健康，自己是出来游学，所以顺便前来看看旧时的邻居们。

"这世道一天三变，你幸亏来得早，还能再见我一面，赶秋天我也搬走了呢，搬到城外新居。"吴伯真是热情得很，说起话来，竟然没个完了："你看现在这里的邻居，还有几家是旧时的邻居? 大家搬的搬，走的走，剩下的不到一半了……"

张心远真没心听他说这些，他最最关心的是于家的消息，所以实在忍不住，只得不礼貌地打断他说："是呀，刚才看于叔叔家也搬走了，他们搬到哪里去了呢?"

"他们家，搬回老家了，不过你要想见他们，倒也不难，于老夫妇现在在他们一个丫头家住着呢。就是那个和你一般大的，叫秋凤的……"

绕了半天，终于绕到了主题，张心远的心霎时怦怦跳起来，像要跳出胸脯一般。只听吴伯继续说："秋凤早已经嫁人了，嫁在三湖镇了，你要去见的话，也不远……"

"嫁人了?!"就如一声晴天霹雳，一下劈晕了张心远。千里迢迢赶来，得到的就是这一个结果？

"是呀，嫁的还不错呢，秋凤的老公是一个商人，家里富足得很，所以你于叔叔就卖了这里的房子，换了新房子，你要想去见的话，三十来里的路，半晌就到了呢……"吴伯依旧热情地说。

天上的云彩转呀转，怎么一瞬间，竟然星星月亮都出来了，好耀人眼呀！张心远一阵眩晕。

千万恨，恨极在天涯，山月不知心里事，水风空落眼前花，摇曳碧云斜！

此刻，所有美梦都化为风，化为水，转眼间烟消云散。

原来，念念不忘的爱情，只是藏在心海里的一枚烟花，禁不得尘世的稍许磨砺，就在瞬间灰飞烟灭了。所有的信念也在瞬间坍塌，张心远霎时觉得浑身没了一丝力气，颓然倒在太师椅上。

这可把吴伯给吓了一跳，但他哪里知道张心远的心思呢？在他看来，张心远只是旅途疲惫，所以禁不得风寒，老头子热情地留下他，赶快给他端了碗姜汤。但这一碗深情的水，对张心远来说，却如一碗苦药，难以下咽。

别来长忆西楼事，结遍兰襟，遗恨重寻，弦断相如绿绮琴。

何时一枕逍遥夜，细话初心。若问如今，也似当时著意深……

象湖畔，一个孤寂的身影仍在徘徊，那是心碎肠断的张心远。告别了吴伯，他却仍舍不得离开这里，望着一湖春水，记忆汹涌翻滚。这里的一切，都留着一个翩飞的影子，眼望处尽是断肠，怎么能忘记，每到夏日，一叶小舟，游戏象湖中，清纯美丽的秋风粉莲遮面，嘻嘻呵呵地笑着，声音亦是清脆如莲，歪着脑袋甜甜笑着，对他说："心远哥，咱们采了莲子要炒着吃……"

那一天，张心远一直在湖边待到天黑，还舍不得离开。虽然已知梦中的人儿嫁人的消息，但这个地方却仍让他留恋，他没有按吴伯的指引去找秋风。伊人已成他人妇，他不能打扰她的生活，他只能把一腔相思，全掬给这一江春水。忽然，一双燕子从他身旁飞过，呢喃着，冲入雨幕中，望着渐飞渐远的燕子，张心远的眼泪再也忍不住，扑扑簌簌落了下来。

虽然伊人已走远，但张心远却仍在决绝地守护着他的爱情，他决定在新淦住下来，在这里读书，傍着一弯湖水，守着一份隽永的记忆，这也是逃避心不甘情不愿的婚姻最好的办法了。

张心远在一所学校旁租了间房子住了下来。这是一所补习学校，来这里上学的大多是已经成年的男女。当时，上学潮如疯了一样，出国留学也成风气，许多有志气的人为了完成学业，从学堂出来后，又在这里恶补，再去北平考学，或者赴国外留学。

十七岁时，学业优秀的张心远曾有机会到日本留学，不过他更渴望到欧洲等地留学。那时，尚在人世的父亲极力支持他的学业，但就在他即将启程之际，父亲突然撒手离世，他的留学梦也就此搁浅。想到自己未曾圆满的心愿，张心远决定在这里完成心愿，走出国门。

学校里固定的课程只有四门，英语、数学、物理和国学。他十分珍惜这个清静的学习环境，除了在学校里补，回到宿舍仍是苦读不辍。百般无望的他觉得只有上了大学，才能改变自己。所以，他把每一天的课程都排得满满的。

也许是太拼命学习，也许是相思太重伤了身子，他的学业只坚持了半年，就突然病倒了，发烧，咳嗽，浑身无力，躺在床上甚至不能动弹。而更糟糕的是，他身上已经身无分文了。能当的都当了，而家里也断了他的经济来往，他已经写了数次书信，希望母亲能给他寄些钱来。

一天，邮差到了，给他送来一封信。张心远欣喜若狂，以为是母亲想通了，给自己寄来了学费，但打开，却是一个陌生的笔迹，并且字也写得相当不好：在外面总不如在家里，还是回来吧，母亲需要人，家里也需要人……

这么差的笔迹，让张心远苦笑了。这不是大妹其范的笔迹，这大概是小妹其伟的笔迹吧，真快，小妹也开始读书了呵。张恨水拿着书信，心中又不由得难过，自己身为长子，却只顾自己，一心只想读书，把一大摊子的家务事扔给母亲打理……

愈想愈不安，他终于决定听从信中的劝告，回家去。

在中国的古文化中，大凡爱情必得经过一番寒暑的报春花，书生必得经过了一番磨砺，满足心愿中了头名状元，然后娶得了心爱的女人走上才子佳人完美的归宿。

但戏文终究是戏文，现实就是现实，虽然戏文的浪漫温暖了无数人的心田，但现实却让人百般无望。穷困潦倒、病体沉疴，再加上心疼母亲不容易，长居在外的张心远心痛之余，也不得不对现实妥协，收拾好行李，一步三回头地离开了这个有着温馨美梦的地方。

天也知人意，飘起了小雨为他送行，回眸间，只见雨中一双燕子双双飞离，他的眼泪再也忍不住潸然而落。

寂寞深藏雄心壮

"大哥，你可回来了！你看，你看，大嫂子会写字了……"半个月后，张心远终于回到了家里，刚推开熟悉的家门，大妹其范就惊喜地迎上前，把捧在手里的一张纸递给他看。只见那张白纸上，歪歪扭扭地写着"徐大毛"几个字。

张心远只是淡淡看了一眼这张白纸，就进了自己书房，一下扑在床上，睡了过去。他太累了，因为行程匆忙，再加上之前心情郁闷、水土不服，他感染了风寒，一直没有好转，身无分文的他几乎是讨着饭回到家乡的。

当张心远一头扑在床上睡觉的时候，家人却忙乱起来，尤其是戴夫人，赶快把大毛叫到跟前，喜滋滋地交代她，赶快去抚慰张心远，他一番出去，肯定是吃了不少苦，男人家嘛，女人稍一温柔，他就会感恩的，肯定就会放下从前，一起好好过日子……

大毛感激地谢过婆母，然后赶快来到厨房，去为归来的丈夫准备茶点。

戴夫人是真心的欣喜，梅花不经寒霜，没有扑鼻香味，少年不经历磨难，哪里会体味朴实的甘美？几个月前，当心远告诉她，他想出去拜访朋友时，她就知道他的心思，他还不是想躲出去么？他还不是想远远离开儿媳么？但戴夫人是个大气的女人，知道儿子不到黄河心不死，如果不让他出去受些苦，他怎么能理解家人的辛苦呢。所以，她笑眯眯地答应了，却只给了他极少的路费，当母亲的是想让他花完了这些钱，就赶快回来。

但出乎戴夫人意料的是，这孩子还真较上劲了，竟然一去就是好几个月，好在如今他终于回来了，而且满身尘土表明他这一番行程并不如意。好，吃得了这些苦，就会懂得生活不容易，他就能安下心了吧，就肯老老实实地和儿媳过日子了吧！

一直睡到天昏地暗，张心远才醒了过来，刚睁开眼睛，就看到徐大毛端着托盘走了进来，托盘上放着饭菜。饥饿中的人，糟糠也是美味佳肴，闻到饭香，张心远一下从床上骨碌起来，不客气地吃起来。

吃完饭，徐大毛不等他吩咐，便殷勤地收拾完碗筷端了下去，然后又给他送过来一杯热茶。"好，放下吧，我睡了一天，晚上就不睡了，去看会儿书，你自己休息吧。"看到人家殷勤服侍自己，张心远也不好一直给人家冷脸，于是温和地说了句，然后起身向书房走去。

"你……"望着丈夫的背影，大毛的眼里刷地涌出了泪。没有人知道，此刻大毛心里的委屈，好歹自己也明媒正娶过来的，而眼前这个男人，竟然如此无视自己，忽略自己，从新婚洞房起，他和自己就如两重天，这算什么生活呀。

她委屈，她愤怒，但她却无可奈何，从小生在读书人家，讲究的是贤惠礼仪，从小，父母就教育她女子无才便是德、从一而终、出嫁从夫……现在，她把自己看成是张家人，生是张家的人，死是张家的鬼。丈夫就是自己的天，是自己的一切，所以尽管丈夫对自己如此不尊重，她也没有任何办法，不允许自己有任何过激的反抗，再难她也只能咽下委屈，继续用笑脸面对张家人。

其实，张心远的心也在微微颤抖，他本就是个善良的人，他觉得这样对她不好，她没有做错什么，不该受到这样的待遇。但让他违背着内心的意愿，和她成双成对，他也觉得自己太委屈，他做不到。

戴夫人本以为，心远出去跑这一次，吃了苦，受了教训，他的心思会转移过来，会接受这个让她心满意足的儿媳。但她再一次大错特错，张心远回来的第二天，就把书房收拾了一下，正式搬进了书房里。

"你……"戴氏气得真想抬手给儿子一巴掌。但张心远的回答却让她说不出话来："我还想趁着年轻，多读书，我这次出去，虽然没有做成事，但我长了经历。我要读书，再去考学……"

是的，这一次出去，虽然没能见到梦中的青梅竹马，但却也不能说没有收获。回来之后，他去了一趟北平，见到了自己从前的好几个好友，而让他羡慕和感叹的是，这些人都在北大读书。要知道，读书，做学问，一直是他的梦想呀。

虽然屡经挫折，但此时的张心远坚定地认为，读书才是改变命运的唯一途径。当然也是他拒绝婚姻、逃离徐大毛的唯一手段。因为每天躲在书房里，他可以有一个光明正大的理由拒绝进入卧室。

"大哥，你看，嫂子又写字了……"这天，读书读累的张心远刚放下手中的书，其范就嘻嘻笑着跳了进来，拿着一张白纸让他看。他蓦然记起，自己刚回到家时，其范也曾欣喜地给他报告，说大毛会写字了，难道是真的？

接过大妹递过来的纸张，只见上面涂写着李白的《静夜思》，字虽不好，但足以能看得清，看到纸上的笔迹，张心远吃了一惊，因为他发现，这上面的字体，和自己在江西时接到的书信竟然是同一个笔体。

"啊？她会写字了？还会给我写信……"他真不相信自己的眼睛。

"是呀，大嫂子可聪明了，自你走后，她就开始认字了，现在不但会写信，还会读书呢！"其范欣喜地对他说。原来，细心的妹子知道大哥嫌弃嫂子没有文化，所以在哥哥走后，看到嫂子每天以泪洗面，心里暗暗同情这个疼爱自己的大嫂，就开始教大嫂认字。天真的其范以为，大嫂学会了写字，就有文化了，就会得到哥哥的喜欢了。

而结婚后一直受着丈夫冷遇的徐大毛，心里也是又气又恨，所以当妹妹开始教自己学习文化时，很快乐地答应了，她也把和丈夫相好的愿望寄放在了学习文化上。

张心远真有点吃惊，徐大毛这个看上去笨笨的女人，竟然还有这般坚强的心呀，竟然还会认真地学习文化！再仔细看纸上的字体，其实比自己在江西时读的信上的字好看多了，由此可见，大毛学得很是认真呢。

"嫂子也是立志要做个有文化的人呢，为了表决心，她还把名字改了呢，哥，你知道嫂子现在叫什么？叫徐文淑，就是又有文化又贤淑文雅的意思！"看到大哥脸上的喜色，其范赶快表扬嫂子说。

"好好，有志气。"张心远不由夸奖了一句。很快，张心远就发现，大毛学习是挺用功的，还特别爱来请教他。很多时候，他正在读书写字呢，大毛就拿着一本书过来了，认真地问他那些圈子里是什么字？

张心远接过大毛手上的书，是一本《三字经》，只见上面每一页上，都密密麻麻地画着圈子。大毛说圈子里的字，她都不认得。看到大毛这么用心，张心远也十分高兴，赶快一一告诉她那些是什么字，并详细地给她讲解这些字的意思。

"世上最怕有心人，你这样用心，会很快认识很多字的，到时不但能看懂这些浅显的书，也会读报，会做文章呢！"有时，张心远也会趁机表扬大毛几句，以此勉励她继续用功。

"是呀，我是要用心学习，我要学到会写状纸，然后去告你！"瞪着张心远，大毛语出惊人。啊？张心远愣了，告自己？

"是呀，你停妻不敬，不论人事，是不负责任，当然要告你……"徐大毛理直气壮地说。

张心远咳了一声，看来大毛是被自己逼急了，她一个绵羊似的人，竟然也会想到告状了！看到张心远不高兴了，徐大毛才悻悻地退了出去。

夜明，弯月高悬，院子里沉静如水，而张心远的书房里，仍是灯火通明，一心求学问的他伏于灯下，奋笔疾书。

"啾啾啾啾……"窗外，寒风吹过，秋虫鸣叫，更显得夜色沉静如水。

写累的张心远放下笔，起身走出窗外，望着天上的明月，不由喟然长叹。

窗外的桂树，郁郁葱葱，在清风中微微摇曳，在无人可说心事时，这株桂花是他最好的朋友，而无言相视，就是最好的诉说。在院子里休息了一会的张心远，赶快又回到了房间里，继续写。

是的，这次回来，张心远再次拿起了笔，开始写小说。心中的事情太多了，他要把心中的郁闷，把对秋凤的思念，全都写进文字里，只有文字才是他最好的伙伴和最忠实的听众。

> 正夕阳天阔暮江迷，倚晴空楚山叠翠。冰壶天上下，云锦树高低……

吟着《青衫泪》里的句子，张心远此刻也断肠，昔有白居易，今有张心远，一样愁肠，一样相思。

张心远虽然是一介须眉，但却生就柔肠万种，再加上看多了西红牡烂醉如泥，想到自己的爱情遭遇，更觉得郁闷，便把一腔愁写在了书纸上。

在日复一日的读书写作中，不经意间他竟然完成了《未婚妻》《楼窗零草》《紫玉成姻》好几个小说。

又是一个不眠之夜，书写了一夜的张心远，眼困脑胀，不由得就伏在书桌上酣睡起来。

在睡梦中，张心远来到一处湖心，荡起轻舟，只见船娘是一个眉清目秀的女子，上得船来，船娘柔声问道："相公要上哪里去？"是呀，上哪里去？张心远还真没有想过呢，只是看到这一池荷花清香怡人，所以才上得船来，被船娘一问，倒是愣愣地不知如何回答了。

船娘笑道："我看相公年轻潇洒，怎么对自己的路不知道驶向哪里呢，你还是下船去吧，你看，人家在等着你呢，那里才是你要去的地方呢……"说着话，就把船身一阵猛摇，小船顿时晃荡起来，张心远惊吓不止，一下睁开了眼睛。

张心远这才看清，原来自己刚才只是做了一个梦呀。他不禁摇头苦笑一番，抬眼时恰看到文淑正端了洗脸水来。

看到自己对大毛极尽冷淡，但她却对自己如此温柔体贴，一向冷漠的张心远内心一阵不安。想了想，今天正好要把写好的小说给上海的朋友们寄过去，就对她说："文淑，今天和我一起出去吧，到镇上去……"

"好呀，等下伺服妈吃过了饭，咱们就去。"丈夫开口叫自己和他一起出去，这是少有的事，徐文淑欣喜异常，赶快去为张心远倒掉洗脸水。

吃饭的时候，张心远看到母亲张了张嘴，似乎想对他说什么，但他当抬起脸静等着母亲说话的时候，母亲却又叹了口气对他说："晚上少读点书，少写点字，早点休息。"

"知道了，"张心远说，然后收拾一番，带着昨晚写好的小说，和徐文淑出了门。

望着双双走出去的儿子儿媳，戴夫人不由重重叹了口气，眉头皱了起来，是的，刚才戴夫人本来是要训儿子的，她实在忍无可忍了。本以为他这次从南昌回来会收收心，和儿媳安安生生过日子，但儿子再一次让她失望了。儿子倒是不骂文淑，也不责备她，看到她也和颜悦色，但是，心是远的，他每天把自己关在书房，名曰在读书，其实还是在躲着文淑呀。

文淑是个心静的女人，从不在她跟前说老公的坏话，但她这个当妈的岂能看不出来？儿媳是把所有的委屈都咽到肚里，还要每天强颜欢笑地伺候着一家人。算来，真真是儿子负了人家呀！

通情达理的戴夫人，等不下去了，她决定好好教训教训儿子，让他承担起为人丈夫的责任。但刚才，话到嘴边，她又把话咽了回去，不是她偏袒儿子，而是看到儿子满脸的疲惫，她实在不忍心再责备儿子了。她知道儿子心里委屈呀。

哎……

身为母亲，她也只能用叹气来表达自己的郁闷了。

踩着稀松的泥土小路，张心远和妻子来到县城。县城真比家里繁华多了，平时忙着家务，几乎从没出过家门的徐文淑激动地看着身旁熙熙攘攘的人群，各种各样的小吃。牵着文淑的手，张心远先来到邮局，把信寄出去，这才放下了心。

走出邮局，张心远温柔地问文淑："我身上还有钱，你想吃什么？我给你买！"张心远的问话让文淑兴奋不已，感觉像到了天堂。虽然成婚好久了，但这是丈夫第一次和自己来到集市上，想来，心远还真是好人，从没打过自己，也没骂过自己，除了没和自己圆房，他哪一点都好！

所以，文淑的心醉了，甜甜地对张心远说："我不要吃什么，要买就给妈和弟妹们买些吧！"

这话让张心远很是感动，自己对人家并不尽夫道，她却仍旧心里装着自己的母亲和家人。他叹了口气，再次握紧了她的手说："放心，这一辈子，我不会让你受苦。"

他只能这样说了，其实今天出来，他是想和文淑商量让她再走一家，但看着她欣喜而满足的眼光，想好的话也实在说不出口了。只得临时改变了主意，既然这样了，那就拿她当妹妹看待，养她一辈子好了，以自己的力量，让她一辈子不受苦不受累，他认为这就是自己唯一能为她做的事了。

两个人在街上转看，然后买了大包的东西回到家中。

"哇，这不是张公子呀，今天不读书了？"刚进村子，一个邻居就迎过来说。张心远刚要答话，一旁的文淑早已笑吟吟地叫道："五叔。"

张心远这才知道，人家说的不是好话呀，顿时涨得满脸通红，十分不好意思起来，而更让他难堪的还在后面呢，两人刚走过去，就听到身后一阵窃窃私语，一个人不屑地说："还说是个才子呢！真是读书读迂了，啥也不会！读书读到这程度，那是丢祖宗的人呀！我家有孩子，打死都不能让他这样读书，真是个废物……"

俗话说打人不打脸，但人家却把骂人的话直接甩到了张心远的脸上。张心远心里一阵羞愧不安，原来，自己在乡人眼里，竟是一个一无是处的读书痴呆子，一个败家子！

似乎体谅到张心远的尴尬，文淑轻轻握住了他的手，这让他心里蓦然感到温暖，没想到，在世俗最为冷漠的时候，给自己安慰和体贴的，却还是自己最为嫌弃的人。张心远心里一阵翻腾。

从此，张心远就更少出门了，他把所有的时间都用在读书上。

母亲戴氏终于忍不住了。这天，张心远正在书房读书，戴夫人走了进来。张心远赶快站起来迎接母亲，凭感觉，他觉得母亲心里一定有话说，果然，戴夫人叹了口气，直直地盯着他问道："心远，你老实说，母亲对你怎么样？"

"母亲对待我恩重如山。"

"好，那娘再问你，文淑对得起你不？"戴老夫人步步紧逼："说呀！"

张心远愣了一下，实在无法回答，因为，自从文淑嫁进自己家里，自己对她颇不中意，意情冷淡，而文淑不但没有抱怨过自己，还尽力撑起一个媳妇的责任，侍奉母亲，照顾弟妹，就是照顾自己，也从无怨言。这样的媳妇，他说不出坏来。

张心远只好说："文淑贤德安分守己，实在是个好女人。"

"可是你对得起她么?"戴夫人的话一下严厉起来,责备他说:"当娘的可是看着呢,不管你对她如何,她从没有失妇德。俗话说,丑媳妇是家中宝。媳妇虽然不识书,但通情达理,而且,进咱家这么多年,你也看到了,恪守妇道,孝顺贤惠,能娶上这样的媳妇,我是知足了。你别放着福不知享。"

"好,既然妈妈乐意,那我就一辈养着她,把她当亲姐妹好么?"张心远赶快说。

"傻孩子,你拿她当亲人,越发显得你们恩爱了,但是,她年轻的时候,可以有你养着,但一个女人老了依靠谁?你让她将来靠何人?你心里不满意,娘看得出来。但文淑除了丑点,她没有缺点,所以咱也不能做缺良心的事,你要好好待她,而且,只要你对她好,娘可以做主,你将来遇到称心的,可以再娶一个偏房。"戴夫人说。

张心远有些惭愧,母亲把话说到这份上,其实是做了很大的让步呀。可是,让自己违着心愿去做事,自己实在……

"娘是考虑了好久才来给你说的,你不要当娘是傻子,别人家结婚都添丁添子,你结婚这二三年了,她一点动静都没有,你当娘是傻子?所以,你今天要么听娘的话,要么,就当没有我这个娘……"

这话是重了些,但是戴夫人也是无法。一看母亲生气了,张心远只得说:"娘不要生气,你让我再想想……"

"不要想了,娘不能由着你胡闹了!"戴夫人说完,生气地站起身就走。

浪子归心落花碎

张心远真心快要愁死了。他是个孝子，不想让母亲再为自己焦心，但把一生系在乡下，系在自己不喜欢的徐文淑身上，他又觉得不甘。正在左右为难时，他收到了好友郝耕仁的来信。

郝耕仁是石牌人，比他大了七八岁，两人在一次同乡文人的聚会中相识，从此惺惺相惜，很是谈得来。郝耕仁时任《皖江日报》编辑，在当地也是一个小有名气的文人，为人豪爽豁达，耿直义气，两人相交以后，经常在一起聚会，谈诗论文，情同手足。

郝耕仁在信中对张心远说，他有几个朋友在淮安混得不错，邀请他前去共同创业，他想到好友张心远，便想约着一起去。考虑到路途遥远，他还准备贩卖一些药材，既赚些路费，也算体验生活吧。

张心远正在瞌睡呢，郝耕仁的来信简直是给他送了个枕头，他立刻回信说自己一定和郝兄前往。这边回了信，回头他就对母亲说自己要去做生意，赚些钱养活家用。

戴夫人哪能看不出这是儿子的缓兵之计，但儿大不由娘。张心远禀告过后，就赶快采购了几箱药材，和郝耕仁会合后，一同向淮安进发。

两个好朋友到了一起，简直是如鱼得水，两人遇水行船，陆地行走，一边走一边看景，谈诗论文，不知不觉就到了江苏境内。

这天，两人来到邵伯镇。邵伯镇，乃江苏名镇，因位处运河段上，也是千百年来水上交通要道，被称为运河第一渡。邵伯镇上古迹甚多，这里的千年船闸更是闻名于世，有着"万舟飞渡一毛轻，闸锁蛟龙浪不惊"的雄伟气势。此地除了自然风光，更有深厚的人文历史，东晋名士谢安曾在此为官，为一方百姓安危着想，谢安任职期间，在此筑成十里长堤，挡住无数水灾，也造福一方百姓。而所筑长堤更是成为此地名景，历代文人路过于此，多会游堤观赏，清朝乾隆皇帝六次南巡，皆在此镇停留，并留下诸多墨迹。

两人商议着，到此名镇一定要多停留几天，等饱观了此地风景，再南进不迟。商量已定，两人便背着药材来到古街，当街摆开摊子叫卖起来。可惜两个文人并不大会做生意，叫卖了半天，也没卖出多少药材。看着日头西斜，郝耕仁说："收摊收摊，一生难得遇到此佳境，怎么着也得喝两杯!"

于是两人收了摊子，找了一家小酒店，住了进去，要了几个小菜，半斤白酒，一边谈着一路趣闻，一边划拳猜杯。张心远不喜喝酒，就以茶代酒，倒也配合着郝耕仁喝得不亦乐乎。

一直喝到月色上升，两人才算吃完了饭，想要休息，却不料酒劲上来，两人都显得十分兴奋，郝耕仁干脆提议道："我看今晚月色这么美好，太早睡下岂不辜负了良辰美景，人生难得几回醉，不如去运河堤上走走，消消食，也领略一番当年一代圣皇来这里的潇洒恣意，你说如何？"

离家多日，张心远心里也有些思乡，情知躺在床上睡不着，于是就同意了好友的建议，两人当即走出旅店，来到运河堤上。只见月色如水，春柳拂人，两人趁着酒兴，不由得吟诗做对起来，郝耕仁先吟道："故人相别动经年，候馆相逢倍惨然。顾我饮冰难辍棹，感君扶病为开筵。河湾水浅翘秋鹭，柳岸风微噪暮蝉。欲识酒醒魂断处，谢公祠畔客亭前。"

张心远一看郝耕仁吟出五代诗人徐铉的诗句，也不示弱，张口就来了一首北宋刘熹的诗句："地势如披掌，天形似覆盘。三星罗户牖，北斗挂阑干。晚色鞭蕖静，秋香桂子寒。更无山碍眼，剩觉水云宽。"

俩人你来我往，吟诗作对不亦乐乎，没想到乐极生悲，正在畅吟之时，忽然前面乱哄哄奔跑过来许多人，一边跑一边惊慌地尖叫，像是有大事发生。两个人不明白发生了什么事，赶快迎上前看个究竟，只见那些人转眼跑到他们跟前，看到两个文弱书生，一个人大声道："还不快跑！兵丁马上要来了，一会儿性命不保了，你们还有心吟诗……"话没说完，就匆匆从他们身边奔跑而过。

两个人听了这话，吃了一惊，一路上就曾听到这边战乱不断，没想到自己这么倒霉，还真撞上了，郝耕仁的酒也一下子醒了大半，拉着张心远赶快奔回客栈，只见店中客人早已得知消息，已经走了大半，剩下的，也大都在忙乱地收拾行李，准备离开。

两个人面面相觑，顿时傻了眼，正在发愣，店主人赶了过来。店主是一个四十来岁的中年男人，看到他们俩还在发愣，催促道："你们傻了？人家都赶快走了，你们咋还不赶快收拾东西跑呀？等会儿兵丁真过来了，刀枪可是不认人呀！"

两个人这才苦着脸告诉店家说，怎么走，带着这么多药材呢，而且，来的时候，两人本就打算一路卖着药材当盘缠的，身上根本没有多余的钱，刚才喝酒，已经花光了身上所有的钱，原来是想着卖了药材就有钱了，哪里想到会遇上兵乱呢！现在已经身无分文，就是想走，也坐不上人家的船呀！

"哎哟，你们呀！"店主人看他们俩也是老实人，想了想说，他认得一个开药铺的，看两人不容易，干脆到他们店里去看看，如果人家要药材，就把药卖给人家，也轻松了，也有盘缠了。两人一听，千恩万谢的，跟着店家来到城西一家药铺。

虽然两人的药材都是上好的药材，但兵荒马乱的，再加上他们急着用钱，药铺老板也真不客气，值十块的药材只给五块，还说要不是看酒店老板的面子，还真不收他们的药材。两人急着离开这个是非之地，只好忍着心疼把药材贱价处理。但卖完了药材回到店里，只听店里的人说，渡口的船已经开航了，坐船的人太多，这会子没船了，还不定什么时候才有呢。

两个人一听傻眼了，没有船岂不是要留在这里挨枪子？"唉，别着急，我看你们俩人都是读书人，出门在外不容易，既然住到我店里了，我帮你们再打听一下，今晚就先歇在这里吧……"店老板也替他们着急，但却没有办法，只得安慰他们一番。

两人心里惊慌，哪里有心睡下去，一晚上也没敢脱衣服，翻来覆去没睡着，天不亮就起身去问店老板有消息没。

第二天傍晚时，店老板终于替他们问到一个往湖口运鸭子的小船，讲好了他们可以顺路搭上去，付一半的船费就行了，他们要不嫌弃，现在就能上船。这个时候，保命要紧，哪里还敢挑三拣四，两个人赶快答应，店老板就找个人替他们挑着行李，一同来到码头。只见虽然是运鸭子的，也早已挤满了人，好在店老板替他们交了定钱，两个人才勉强挤上。

刚上船来，只见满船都是鸭子，鸭子屎味熏得人直想呕吐。两个人苦着脸，在船上找了个稍微干净的地方，背靠着背坐下来，只盼着船赶快到岸。刚刚坐下，两人就叫苦连天，原来船上除了让人作呕的鸭屎味儿，还有成堆成堆的蚊子呢！他们才坐下来，蚊子就像赶集似的，一堆一堆地围着他们，霎时身上就落满了蚊子。两个人不敢再坐，只得站了起来，不停地手舞足蹈，扇着蚊子，饶是这样，身上还是瞬间就被咬了好几口，脸上，胳膊上，立刻火辣辣地疼起来。

船老板是个胖胖的中年男人，看他们俩难受的样子，心里过意不去，招呼他们说："两位小兄弟，来船舱里吧，这里蚊子少点……"

两个人赶快下到船舱，刚一进去又忍不住叫苦连天，因为这里倒比蒸笼还闷热呢！船舱里的蚊子倒真是少了许多，但空气却更混浊，再加上空气不流通，显得特别闷热，两人进去不到十分钟，汗水就是像下雨一样从身上流下来，霎时湿了衣衫。

"哈哈，张老弟，别嫌苦，这样的体验你一生难得遇到几回！"看到张心远苦着脸，像到了地狱一般，生性豁达的郝耕仁哈哈开起了玩笑。张心远虽然不是什么富二代，但至少也是官宦人家的子弟，从小以书香为伴，清雅精致，哪里受过这种折腾，此时他早已经头晕眼花，差点儿要晕过去。但看到郝兄第这般达观的样子，也不好示弱，只好强装出笑脸说："嘿嘿，能和大哥在一起，这点苦又算什么呢！"

"好好！我就说你是一个仁义朋友，我还真没看错你！"郝耕仁哈哈大笑，拍着张心远的肩说。

俩人闷在船舱，晃晃悠悠熬了半宿，船终于在湖口镇靠了岸，两个人像到了天堂一般，赶快从船上下来。张心远还没站稳，就再也忍不住呕吐起来。这一吐，倒是轻松多了，郝耕仁拉着张心远的手，说熬了这么久的苦，肯定是累极了，赶快找家旅舍休息下来。两人拖着疲惫的脚步连问了几家旅店，全是客满，快及天明时，才在城郊问到一个简易旅馆，两人是真累了，不管三七二十一，赶快交了店钱。

两人拎着行李来到房间，不由愣住了，房间是个大通铺，此刻已经住进来十多个人了。只见房间里点着煤油灯，地上全是打地铺，一溜二十多个地铺，睡在上面的人，都像是乡下来的，一个个赤脚露怀的，汗味脚臭味，熏得他们直想吐，再看看铺上的被子，张心远说啥也不要休息了。因为他看到所有的被子都是黑乎乎，还散发着一股明显的臭味，也不知是被多少人盖过了。

"算了，大哥，我实在不能在这样的床上睡下，我，我就站着过一晚上得了……"说完，赶快逃出房间，准备在走廊上过一夜算了。

郝耕仁哈哈笑着说："月儿弯弯照九州，几家欢乐几家愁，民间疾苦，就是这样，你不体验哪里能得知呢。"

张心远没有回应，但却在心里赞同，从前自己只是说立志，何为立志，自己想写书，怎样写书，而眼见了这番民间疾苦，真是值得同情呀！

张心远不睡地铺，郝耕仁就陪着他，两个人都不睡觉，站在走廊里说话，从汉唐到元明，从元明到现在，不知不觉竟然天亮了。

郝耕仁揉着布满血丝的眼睛，哈哈笑着说："终于又挺过来了，为咱们的胜利，走，喝两杯去！"

张心远被郝耕仁的豁达影响，不由心里一暖，感觉和郝兄在一起，天下就没有愁事情，每一天都是充满阳光的。两人来到一家小茶馆，要了一碗白酒一壶茶，几样小菜，郝耕仁一边敲着碗喝酒，一边豪声唱道：

家住山东历城县

英雄的名儿天下传

我本是顶天立地的男儿汉

这好汉无钱到处难……

豪情万丈，引得人们纷纷侧目。两人浅斟慢饮，悠闲地喝完酒，刚好往上海的船到了，郝耕仁便和张心远手牵手上了小轮，往上海进发。

碧水悠悠，站在船头，望着一汪春水向东流，张心远的心情不由感叹万分，这一路上，钱虽没挣到，但却得了一个知生死共患难的好友，人生的境遇莫过如此，能有一个可以托生死的朋友，就是人间最大的福。

许多年后，张心远回忆起这段故事，心中还是忍不住感慨万分，因为这一次的行程，让他真正了解了民间疾苦，懂得了人世间的不容易，懂得了另一种慈悲。

几个月后，张心远从上海返回安徽老家，望着因为他归来而欣喜万分的家人，张心远羞愧地说，这一次还是没能挣得钱来……

"人回来就是最好的，平安最好，也不枉你媳妇天天烧香拜佛盼你归来！"母亲说。得知为了盼自己回来，文淑天天在家里烧香，张心远感激地向文淑望过去。只见文淑双眼闪烁，眼里泪光晶莹，是淡淡的委屈，也是对他平安归来的欣喜。

此番磨难，让张心远体验了人生的不容易，也让他明白了所谓的才子佳人在残酷的现实下只能是一个难以企及的梦境，那一晚，他搬回了卧室。

　　几个月后，一个好消息再度传递到张心远的身边，好消息是好友郝耕仁送来的：因为郝耕仁要到别处任职，他所在的《皖江日报》就缺了副刊编辑，他已经向报社经理张九皋推荐了张心远，张九皋十分欣赏张心远的才名，便欣然同意，请他务必尽快到芜湖工作。

　　张心远接到好友的书信，欣喜若狂，当即收拾行李，奔赴芜湖，从此开始了职业报人和著名小说家的生涯。

第二卷

红尘觅真爱

学涯无期闯文坛

1920 年春夜，北京潜山会馆内的一间小房子内，张心远正在奋笔疾书。

早几天，接到《皖江日报》总社长张九皋的书信，称谢他几年来对皖江日报的付出，并恳请他继续为皖江日报的副刊写小说。想到自己在皖江日报时张九皋对自己的看重，张心远自知不能推辞。此时的张心远，已小有名气，而他自 1914 年便取用的笔名"张恨水"，也逐渐步入了世人的眼帘。

离开家乡，孤身北漂，张恨水心中一闲下来，想得最多的还是家乡，所以稍做思索后，他就为自己的新小说定名《皖江湖》，内容就写自己家乡发生的那些事情。

正写得忘我，忽然响起"砰砰"的敲门声。张恨水放下笔，打开门，只见方竟舟和秦墨晒笑哈哈地闯了进来。

"恨水老弟，又在辛苦笔耕呀!"看到张恨水在写字，方竟舟打趣说。张恨水嘿嘿一笑，说："一天不写字，手就痒痒……"说着，赶快转过身来拿出杯子，给两人沏上浓茶。

"哈哈，太苦！你茶叶不能少放些呀，你喜欢苦滋味，我们也得深受其害……"方竟舟刚喝了一口，就叫了起来。方竟舟是张恨水的同行，性格豪爽，在北京报界混迹多年，结识许多文化界人士。去年冬天，张恨水来到北京，两人在同乡王夫三的饭局上相识，闻知这老乡文采又好，又会填词赋诗，方竟舟十分欣赏。而张恨水也敬佩方竟舟的为人，两人遂成为好友。

再说这秦墨晒，算是张恨水的顶头上司。初到北京时，张恨水因为没有工作，生活也陷入困境，得知上海《申报》的驻京记者秦墨晒正在寻找助手，王夫三就向秦墨晒推荐了张恨水。一见之下，秦墨晒十分赞赏张恨水的文采，于是一拍即合，当即聘请张恨水做自己的助理。张恨水在《申报》的工作倒也简单，每天帮秦墨晒校对稿子，有时也写点小新闻；此外，他还有大量的时间写自己喜欢的东西。"有茶已经不错了，你还挑三拣四……"秦墨晒品着茶，对方竟舟说。

张恨水也不说话，只是笑眯眯地望着他们。方竟舟呷了一口茶，放下杯子对张恨水说："茶是好茶，可惜我不能喝了，给我留着，我下一回来再喝，现在有一件急事，想问问你要不要干！"

"什么事？"张恨水问。方竟舟却神秘地卖起了关子，让他猜。张恨水说："是书店又有特价书？"方竟舟摇摇头。

"是你又结识了哪位美丽又新派的小姐？"张恨水又问。方竟舟再次摇摇头，不过看得出，他已经忍不住笑意了，说："继续猜！"

"我猜不出来了……"张恨水说。

"得，别浪费时间了。有戏，梅兰芳的，要不要去看……"秦墨晒终于忍不住了，直接说道。

张恨水果然动心，因为在众多的戏剧大家中，他最欣赏的就是梅先生的戏。记得去年初来时，身上只剩下一元钱了，但当他听说当晚有梅先生的戏时，还是忍不住把身上仅有的一元钱买了戏票去大饱眼福。好在第二天就被王夫三带着去见秦墨晒，敲定了工作，秦墨晒当时还预支了他一个月的薪水，他才不至于沦落街头。

但想想自己刚开始写的小说，张恨水只好老实地对两位朋友说："真是对不起两位的好心，眼下这个稿子得赶快写出来，他们是要急着上报的……"

"给哪里写的这么上心?"秦墨晒问。

张恨水告诉他们，是给自己从前任职过的报社，因为当时张九皋对自己不薄，所以不能推辞。

"你呀，真是一头驴子，又写新闻还要写小说，还要学习……你大概要把自己累死，才肯甘心吧?!"秦墨晒打趣说。自从和张恨水结识以来，知道他每天除了必需的校对稿件，有时也写一些小新闻。除此之外，他还不停地写小说、自学好几门学科，忙得像个陀螺，在圈子里，大家都笑称他是"拼命三郎"!

听了秦墨晒的话，张恨水也不由在心里暗叹了口气，他何尝不想慢下来，干自己喜欢的事，但不拼命行么? 自己当初执意辞去《皖江日报》的工作来到北京，其实最终的目的是来这里读书的。

自从几年前开始在《皖江日报》工作，他又写新闻又写小说，工作做的是风生水起，但坚持读书做大学问的心愿一直没有减弱半分。去年冬天，他接到远在北京的老乡王夫三的来信。王夫三告诉他，北大现在有一项奖学政策——旁听生政策。即家贫和没考上北大的学生如果喜欢北大，可以到北大当旁听生，只是没有毕业证。但如果你在学习期间学习得好，还是可以再考试，如果考得合格，也能成为一名正式的北大生。王夫三在信中告诉他，他们有好几个朋友已经通过这种方式，取得了北大的正式身份，问他要不要去试试？

免费入学，不要学费，这多好的事情呀！张恨水当即给王夫三回信说自己肯定去。"什么？你要去北京？!"张恨水刚把自己的决定告诉家里，母亲就忍不住吃惊地叫起来。她有点生气，儿子这是怎么了？怎么结婚这好几年了，还拴不住他的心？他还要四处飘荡！

一听说丈夫要去北平重新读书，徐氏也大吃一惊，心里十分不情愿。但她素来贤惠，把三从四德放在心上，所以对他的事从不敢多嘴，只把求救的眼光望向婆婆。戴老夫人重重地叹了口气，她何尝不知道儿子最大的心愿就是走上学术的最高殿堂。但是她真的无能为力了，她一个妇道人家，操持着偌大家务，而老二老三也马上要结婚成家，这都需要钱，仅凭家中的几亩薄田，要维持一家人的生活，每每是捉襟见肘。心远却要放下平稳的工作去北京，路途遥远且不说，到了那里吃喝穿戴哪样不需要钱？她实在是没有办法满足儿子的心愿。

"心远，你也是这么大的人了，怎么越发不懂事，放着安稳的生活不过，还要到处去疯跑！而且，不是当娘的心狠，家里实在拿不出学费和路费给你！"戴夫人是真生气了，说话的口气也十分重。

但张恨水的心意已定。没有路费，他就自己想办法，他脱下身上唯一的一件皮袄，当了几块钱，告别了母亲、妻子就上路了。看着儿子决绝的身影，戴老夫人气得直摇头。

一路风波，张恨水终于来到了北京，但此时他已身无分文，就算进北大不要钱，但他总要生活下去呀。热心的王夫三把他接到了自己的住处，为他出主意说，当务之急，也不用马上去读书，因为北大的旁听生政策是一直有的，可以先找份工作填饱肚子再读书不迟。

只能这样子了。百般无奈的张恨水只得从了老乡的劝告，好在工作不难找，到京的第二个星期，他就在秦墨晒的《申报》开始了工作。让他没有想到的是，每天要完成一定数量的新闻、自己还要写小说，所剩的时间就不多了，根本抽不出整晌的时间去北大旁听，没办法，他只得在工作写作之余，不停地读书，以此安慰自己那颗好学的心。他心中总是有一个希望：等情况好起来，自己就能去北大读书了。

送走了两位朋友，张恨水一刻也没敢松懈，赶快坐在桌前继续写字。他是一个办事认真的人，答应了今天给人家稿子，绝不会拖延到明天。给皖江的稿子是连载的，但在今晚得把这个月要刊登的写完，他才能安心。

一直忙碌到凌晨两点多钟，张恨水才终于写完了预期的稿子。他揉揉发胀的眼睛，站起身来，在房间里踱着步，想活动活动坐得僵硬的身体再去休息。隔着窗子，只见窗外夜色深沉，寂寥如水，天上一弯明月，清亮亮地照着人间，望着明月，张恨水不由想起家乡，想起远在老家的亲人来。自己到京也好几个月了，但读书无成，形单影孤，这个滋味，也只有自己能体会。感叹之余，他不由随手拿起笔来，填词一首：

> 十年湖海，问归囊，除是一肩风月。憔悴旧时歌舞地，此恨老僧能说。旭日莺花，连天鼓吹宴都休歇，凭栏无语，孤城残照明灭。披发独上西山，昂头大笑，谁是封侯骨？斜倚长松支足坐，闲数中原豪杰！芥子乾坤蜉蝣身世坠落三千动，怆然垂涕，山河如梦环列。

几天之后，方竟舟再次来拜访张恨水，一眼就看到了他的这首新词，不由连连称赞道："好词好词呀！"一连读了数遍，又道："我可不客气了！这词我取了……"

张恨水微微一笑说："那就再请喝杯浓茶喽！"他知道方竟舟拿了他的词，是要帮他发表的，所以说请他喝浓茶谢他。两个人又说了会儿话，方竟舟便告辞离去。

因为从前自己写了词，方竟舟多拿去发表，所以这次张恨水也没放在心上。

同时为两个报社工作，张恨水每天都要写四五篇小通讯和短新闻。在刚接到《申报》的工作时，秦墨晒就指点他说，因为工作量大，可以偷懒一些，比如可以摘抄一些其他报刊的新闻，稍微修改一下就行。但生性耿直的张恨水却觉得这样不妥，抄人家的新闻第一没有了时效性不说，第二读者也不一定会买账。所以每天他都自己采访写新闻。好在他所住的潜山会馆里，各色人物都有，新闻也容易寻找。

这天，他在房间撰写了两则昨天采访的小新闻后，看看已到晌午，就来到隔壁江大叔家里。江大叔也来自安徽，和妻子女儿一起住在这里，为生活所迫，江大叔每天都要和女儿上街卖艺。江大叔五十开外，性格豪爽，还是一个武林高手。

"张先生来了……"张恨水刚撩帘子进了江叔的屋子，江大叔就赶快热情地招呼说。他们家刚做好午饭，一家人正端着碗要吃，看到张恨水来了，江大叔的妻子就赶快放下碗，给张恨水盛了一碗。江大叔的女儿长得很漂亮，自小跟随父亲学了一身好武艺，看到张恨水来了，笑嘻嘻道："张先生又要来采集什么新闻了吧？"

"妹妹果然聪明，一猜就中！"张恨水也哈哈地笑着说。和江家做邻居有好几个月了，张恨水熟知了江家一家人的脾气，江大叔和妻子都是老实人，他们的女儿秀姑性格泼辣，为人很是豪爽，所以两人也经常开玩笑。

秀姑猜得不错，张恨水今天真的是有备而来。昨天傍晚时，他听到院子里人说，江家白天在街上卖艺时，好像遇到了流氓，亏得江大叔的好身手，狠狠把流氓教训了一顿，半点亏没吃。张恨水当时就来了兴趣，决定采访了写成新闻发在《申报》。

一边吃着饭，张恨水就问江大叔，昨天是怎么回事？"哈哈哈……"一听到张恨水问这个，秀姑就来了精神，对张恨水说："还能是怎么回事，还不是咱们这些外乡人受人欺负呗，不认字也要摸摸招牌呀，想欺负咱们，他们可真是打错了算盘！"

江大叔实在，不好意思说，秀姑却不客气，一五一十地告诉张恨水：昨天她和父亲来到街上，刚摆开场子，就有两个地痞上来想找事，说自己和父亲在这里卖艺多时了，却从没给过他们养场费。做人得识相，如果不明事理，吃亏是肯定的……嘴里不干不净地说着，眼睛还直往秀姑的身上溜。江大叔心想着出门在外，能避事就绝不惹事，所以说好吧，我们走还不行么？

"走？走也不行！想走就把家伙留下！""对，小妹妹也留下……"看到江大叔避事，这俩家伙还认为江大叔是怕他们，所以更加强势地说。

这下江大叔不爽了，虽然要低调要忍让，但绝不是要夹着尾巴忍气吞声任人侮辱！所以江大叔不客气地说："好，家伙在这里，你能拿走就归你！至于我女儿，只要这地上的家伙愿意，我没意见！"

说着，把手中的长矛往地上一戳，站着不动了。

哈，别说一根长矛，就是再有十根，哥俩也拎得动，就是拎不动也抱得动！两个地痞不自量力，冲上来就把江大叔往旁边一推，想要去抓地上的长矛。但没想到两人的手臂刚触上江大叔的身子，顿时被反弹出了二米多远，仰面八叉地被撞倒在地上。两个人你望望我，我望望你，眼睛里露出惊惧。太奇怪了，他们俩刚刚只不过是手掌刚触到眼前的这个男人，就像遇到了铜墙铁壁一般，不但没能把人家推倒，还把自己的胳膊震得发麻，像断了一般。

周围的人顿时叫起好来，还拍起了手鼓掌，两个家伙面面相觑，心里害怕却又不甘心丢人，于是一递眼色，一起冲了上来，一左一右紧紧抱住江大叔的胳膊，想把江大叔摔倒在地。但江大叔却稳如泰山，只见他身子微微一抖，只听扑通扑通两声响，板着他胳膊的两个流氓顿时又像冬瓜一般滚到了地上。

两个家伙一看架势不对，再也不敢要什么养场费，从地上爬起来就一溜烟地逃窜而去。

"哈哈，张先生，你不知道，我老爸打三岁起就开始练武，几十年的功夫不是白练的，他们还当我们是泥娃娃呢！活该让他们吃个教训，看他们下次还敢欺负咱们外乡人！"秀姑爽快地说着，一副女英豪的样子。

几个人热热闹闹吃完午饭，江大叔和女儿又拎起家伙要出门卖艺，张恨水便告辞，他一边往自己的小屋里走，一边就构思成了一个社会小新闻：武林高手技震北平街，武功高绝一技降歹徒！

这则新闻刚写好，就听一个声音高叫道："哈哈，俺常山赵子龙来也……"抬头一看，只见又是方竟舟，不过和方竟舟一起进来的，还有一个他不认识的人，只见这个人高高的个子，白净脸，长得气宇轩昂，十分大气，笑眯眯地望着他。

"来来来，老乡认识一下，这位是成舍我先生，今天特来拜访张老弟的……"方竟舟热情地对他介绍说，听了方竟舟的介绍，张恨水顿时有些摸不着头脑，因为身为北漂一族，北漂中的文化名人他也知道的不少，这位成舍我在报界可是大名鼎鼎，只听说过此人才高八斗，为人仗义侠气，没想到却是这么一副文质彬彬的书生模样。只是自己和他素无交集，他怎么会来拜访自己这位名不见经传的小人物呢？

张恨水赶快伸出手，和成舍我伸过来的手握在一起。"哈哈，这才叫有缘千里也相逢，相逢只缘诗词情……"方竟舟在一边摇头晃脑地说着。接着，他得意地告诉张恨水说，早几天他从这里拿去的那首词，本来是想找一家报纸发表的，没想到词作还没发表，就在圈子中引起了大家的兴趣，尤其是这位成舍我先生，一读之下，大为欣赏，感叹说："胸有奇才，寥落清秋。"并一定要来拜访这位清雅的文友，方竟舟这才带着成先生找到张恨水的住处，特来会他这位文友。

高友来访，张恨水自然十分高兴，赶快上街买了两样小菜，打了半斤白酒，又沏上香茶，招待两位文友，几个朋友一边喝着小酒一边谈着彼此的生活。

谈话间，成舍我得知张恨水现在只有十块大洋的月薪时，真诚地对张恨水说："兄弟这样的文才，得到的实在不配，委屈兄弟了，这样吧，如果兄弟不嫌弃的话，可以在我那里做一份兼职，薪水不多，但工作轻松，也足以让兄弟养活自己……"

啊，这真是太好的事情了！意外之喜让张恨水紧紧握着成舍我的手，真的不知如何表达自己心中的感激了。同是文人，惺惺相惜，第一次见面，成舍我就帮助张恨水，付给他三十块的大洋，他只需每天帮着《益世报》校对一下文稿，看看大样就行了，工作相对来说十分轻松。

而此刻，张恨水的境遇也越来越好，好消息频频不断。

刚刚开始兼职《益世报》的工作，他的稿约也频频不断，而更让他兴奋的是，早些时候刚刚连载完毕的《皖江湖》刚一发表就引起了世人的关注，北京的一些高校，还特地把他这部小说改成了剧本，在各大剧院上映，并引起了巨大反响。许多人得知这部戏的原作者就住在潜山人馆里，于是就有许多学生和喜欢文字的找上门来，希望拜访这位才华出众的作家。张恨水生性厚道，看到人家热情来访，不管工作多忙，都要腾下手来招待人家，这样经常是来人一坐就是大半晌，等人家走了，他只得赶快把拉下的工作补上，晚上还要再补习英文，这样一来，就更显得时间紧张，读书的愿望似乎又离自己更远了些。

因为名气越来越响，除了北漂一族，其他地方报刊的负责人也开始和他书信来往，并诚恳地邀请他为他们写一些小说呀，或者新闻稿什么的。面对同志的邀请，张恨水不管自己多么忙碌，也从不好意思拒绝，这样就把自己搞得更像一只不停旋转的陀螺了。每天五六点就起床，一起床就要坐在书桌前开始写字，一天到晚，除了吃饭时间，其他的时间全用来写文了。个中辛苦，也只有他自己得知。

名气有了，朋友圈更广了，虽然辛苦了些，但和刚来北京时，倒真显得风生水起了。这天下午，张恨水接到成舍我的请帖，约他在潜山会馆不远处的茶楼里相聚。张恨水是个守时的人，按照约定的时间来到茶楼，只见成舍我已经到了，在座的还有龚德柏、余秋墨、方竟舟等。

"虽然没迟到，你还是最后来，老实交代，干什么去了！"方竟舟笑着玩笑道。张恨水呵呵一笑解释说，今天刚领了薪水，刚到邮局给母亲寄回去，家里支出太多，母亲一个人实在不易，所以自己手中一旦有钱，第一件事就是赶快给母亲寄回去。

一番笑闹过后，成舍我要大家静一静，这才对大家说："今天约几位同仁到此，是想和众位兄弟携手做一番事业，我想再办份报纸，报名我已经想好了就叫《世界晚报》。大家都是在报界混迹多年了，经验丰富，我想，咱们几个共同办报，这报纸肯定会火起来……"

一听成舍我的建议，张恨水顿时兴奋起来。自己来到北平多时，却一直是在给别人打工，现在共同做报纸，也算用得上自己的专业了。于是立刻赞成说："好，我举双手赞成，绝不偷懒！一定支持成大哥做一番事业！"

成舍我呵呵笑着说："咱们的报纸就叫《世界晚报》，除了新闻，咱们的副刊名我也想好了，就叫《夜光》，今天在座的也都算报界的文人，希望大家齐心协力，把这一份报纸办响，办大，办出影响来！"

"放心吧成兄，这是大事，我们都会尽力的……"一个个高兴异常，纷纷响应。成舍我又说，因为办报初期，经费有些紧张，所以也只好委屈一下大家，不能另外租地址了，报址就设在手帕胡同的自己家里。

看到大家群情激昂，成舍我又笑眯眯地对张恨水说："张贤弟，你是个才子，所以你得多辛苦点，除了编写新闻，还要给你加派一个任务，你的小说写得好，咱们办报之初，得有大家压阵，我看，你就费些力气，给咱们的新报写一个长篇小说连载吧！"

士为知己死，何况成君对自己不薄，知恩图报的张恨水一听成舍我的话，当即保证说："放心吧成兄，我一定尽我之力，把小说写得精彩！让咱们的报纸大放光彩！"

接了任务，张恨水就开始思考怎样写出一本漂亮的小说。苦思冥想后，他决定结合现实，加上自己这么些年的经验积累，写一本能反映现实的小说。身在北京生活这么几年，看到社会上许多不平之事，军阀混战、贫民卖儿卖女、良家少女被逼为娼、富人则为富不仁、官员欺压良善、买官卖官……作为一个有良知的人，张恨水也深以为忧，于是决定把自己多年的积累，写出一本精彩的小说。

考虑良久，就为自己的小说定名为《春明外史》。写文之初，张恨水就下了决心把这本书写精，写透。所以写每一个字，每一个词都要仔细揣摩，绝不马虎一点。

夜深了，小屋里亮着灯，张恨水坐在灯下皱眉苦想，一会儿划去列好的提纲，一会儿轻轻读着，不但要工整，还要对仗、读起来朗朗上口，绝不马虎一点。

北漂四五年，这也是他第一本在北京创作并且在北京的报刊上发表长篇小说。出乎他意料的是，小说的第一章一发表，即刻引起了轰动，第二天人们就蜂拥到报社门前，等着报纸发行，好争相一睹下面的情节。

"天哪！我就说你是个奇才！果然是奇才！太让人兴奋了！今天你得开酒戒！"《春明外史》刚一在报上连载，就引起了轰动，成舍我十分激动，朋友们也替张恨水高兴，尤其是方竟舟，手里摇着当天的报纸，兴奋地对张恨水说："哎哟，我的天呀！

你赶快去看看，外面就像要疯了，人人都在传阅你的《春明外史》呀！张贤弟，这下你肯定要大红大紫了！"

张恨水倒是波澜不惊，小说引起这样的轰动，他只是觉得要尽自己的力量写好这本书，要用心来写，没想到还真成功了！

这天下班后，成舍我兴奋地对大家道："今晚大家都别走了，我请客，大家喝一杯去，为张兄弟的小说庆贺！"是呀，大家太兴奋了，办报之初，大家的共同志向是把这份报办成品牌，而现在，《世界晚报》真可谓妇孺皆知，而功劳大半得益于张恨水的小说《春明外史》，心情兴奋的成舍我激动不已，就邀请大家一起去喝酒。小说空前的成功，张恨水也格外高兴，没的推辞就和大家一起来到茶楼。酒菜上来，大家你来我往，谈得不亦乐乎，张恨水不喜喝酒，茶水却喝了不少，而茶也是会醉人的，茶高之时，他忍不住豪情万丈，豁地站了起来，搜刮着旧时在剧院里学来的唱词，唱道："英雄旧知齐聚会，天地方小大家会……"

人生有几个知己，闲来一杯清酒，这也许是人生的最高境界，而张恨水在多年的打拼后，几乎拥有了世上最丰厚的财富：友情和事业的成功。

真如朋友们所言，《春明外史》以它优美的故事情节，美丽的爱情，真切的世情演绎取得了空前的成功，不但在京城打响，而且赢得了大量的读者，甚至还引发了全国各地的春城热。看着日渐增多的读者，多家出版社找到张恨水，买断他的版权，把这本连载的小说结集出版；出版发行后，还在上海和其他地方打出巨型海报，尤其是在上海《申报》《新闻报》上刊登巨副广告，宣传这本奇书。书刚一上市，即销售一空，连着多次再版，仍是热销不衰。

此刻，北漂不到五年的张恨水，不但在北京声名鹊起，在繁华的大上海也是妇孺皆知，由此，他真正成为了文坛的一颗明星。

花落红尘勿凋零

多年的奋斗，终于完成了心愿，张恨水成为了家喻户晓的小说家。在欣喜之余，他内心却也时时感到落寞苍凉。以文字为生的人，本就有着细腻、柔情似水的心肠，此刻他孤身一人北漂京城，更渴望家的温暖、爱情的甜蜜。渴求着有一个知心人陪伴在身边，累了陪着说话，闲了牵着手徜徉在北京的大街小巷，这是一种平实的幸福，也是一种人间恩爱。这样的情感，朴素温暖，红尘间的男女，无不渴求。但张恨水却从来没有过。

"张兄，你要赶快把嫂夫人接来了，要不，你看看你都成了大作家了，这生活还这么落魄，让我们当兄弟的情何以堪呀……"那天，张友鸾来拜访张恨水时，看到张恨水写字写到中午，不想做饭，就在街上买了一份小菜和几个包子下肚，不由得感慨地劝他说。

张友鸾也是安徽人，颇有文采，和张恨水早有交集，也经常给张恨水的报刊投稿，两人因此相识并成为好友。前不久，他刚到了《京报文学周刊》做主编，今天是趁着闲暇，前来探望好友的，看到张恨水生活如此简单，忍不住笑着劝说他。

其实，从前别的文友也劝过张恨水，说他一个人在京不容易，得赶快把夫人接来，这样至少有个女人照应着，他的生活会丰富一些，肯定也能写出更好的作品来。面对朋友们的劝说，张恨水只有苦笑，当然也明白，一个大男人，没有女人的关爱和体贴，这生活再美，事业再成功，终究是半个圆，或多或少有着说不尽的遗憾。但一想到徐文淑，他就退却了。文淑是善良的，但她就如乡间路边的野草小花，远抵不过牡丹和康乃馨的雍容和高雅，甚至半分这样的气质也没有，他不能想象，把文淑接到身边，会惹得多少人拿异样的眼光看自己。所以进京几年，他宁肯自己省吃俭用也会月月按时寄钱回家，供养老母和文淑，但却从不开口接她来京。

不肯接来原配，这生活未免就继续清寂，孤单。于是，朋友们就热心起来，今天拉他去远足，明天约他去吃饭，但这些场合，总有一些年轻美丽的女性。朋友的意思不言而明，希望他能在这些女人中找到一个意中人，促成一段美姻缘。

虽然朋友们非常努力，也非常尽心，但却总是不知什么原因，张恨水依然没能找到自己心仪的女人，依然如一只孤鹤，飘摇在北京的文艺圈。

这天，张恨水又接到一个任务，因为一个富太太捐了一大笔钱给"贫民习艺所"，需要为这位富太报道的同时也要顺便采访一下习艺所。所谓贫民习艺所，其实是民政局下设的一个机构，由政府出资，主要收留一些无家可归的小女孩，在这里教会她们一些能自食其力的技能。接到任务，张恨水就出发了，来到了习艺所，院长是位温和的中年妇女，得知张恨水的来意，她热情地接待了他，并向他展示了这些女孩子们做出的手工活。只见摆在眼前的衣服或者鞋袜之类的活计，做工精细，张恨水不由得夸了一句："好细腻的手工……"

"那是，我们这里的姑娘，一个个聪明伶俐，不但手巧，有些也能识文断字，张先生是社会名人，又在报社工作，还请你在报社多为我们这里的姑娘宣传宣传，好让她们都找到合适的婆家……"院长笑眯眯地介绍说，张恨水这才明白，原来习艺所不但要教会姑娘们手艺，以便她们将来更好的生活，还热心地帮她们找婆家。

"你来看，这是她们的照片……"院长带着张恨水来到一个房间，只见这个房间里的墙上，挂着许多女孩子的照片，照片下面标注着她们的姓名年纪和出生地什么的。张恨水本来只是义务性地来参观一下，眼睛随意地溜过这些女孩的脸旁，只见她们或忧郁，或高兴，神态各异地在照片上望着他。

突然，张恨水停下了脚步，眼睛落在一个女孩的照片上，他有些惊讶，原来在这些如浮萍一般飘零的女孩子中，竟然也会有如此佳人？只见眼前照片上的女孩，五官清秀，眼若秋波，精巧的脸蛋上笼罩着一抹淡淡忧愁，更为她增添了几分妩媚，让人看了不由怦然心动。

看到张恨水不动眼珠盯着这张照片看，院长赶快献宝似的介绍说："哎哟张先生，你可真有眼光呀，这姑娘可是我们这里有名的大美人呢！她叫胡招娣，来来，这里有更好看的照片，你看看……"院长说着，转身走了出去，少顷又回来，把手里的几张照片递给张恨水。张恨水接过来，看到的是两个人的照片，一张就是胡招娣的全身照，只见她高挑身材，却并不窈窕，反而显得十分单薄羸弱，一副楚楚可怜的样子。另一张则是一个中年男人，长得肥头大耳，让人不敢恭维。

"这是刘先生，他昨天来正好看中了胡招娣，所以留下了张照片。刘先生长得是不帅，不过家里富有，他是做生意的，招娣嫁过去，也能过上好生活。"院长看张恨水看得仔细，就对他解释说。

"哦，刘先生人到中年了，竟然还没娶亲……"张恨水随口问了句。

"嗨，哪里是没娶亲，他家在老远的地方，在这里经商，就想在这里娶个小……"

"哦，原来这样呀。"张恨水应着，心里有些替胡招娣可惜。

从习艺所回来，张恨水的心里却不能平静下来，眼前老是闪着胡招娣的模样，那双清明的眼睛，似乎在黑暗中向他娓娓诉说着什么。她就如一朵初绽放的花，自己和她应该有前世情缘，要不，怎么会一眼就忘不了呢！那就捡起这朵风雨中飘零的花吧，不让她再凋落红尘。

辗转一夜后，张恨水终于忍不住，再次来到习艺所。一看昨天来采访的大作家又来了，院长十分高兴，张恨水此时为了美人倒也豪情万丈，直接对院长说，自己喜欢昨天那个胡招娣，如果能娶她为妻，自己会好好待她的。院长一听，当即高兴地说："这真是好事情！招娣姑娘正好也相不中那个商人呢，她喜欢读书人，你今天又来了，我就开个先例，你们见见，都没意见，事情就定下来！"

院长对张恨水算是格外开恩了，因为其他人来这里相姑娘，得姑娘愿意了才会让他们见。跟着院长来到后面一个偌大的房间里，只见二十多个女孩子正在干活，有的在刺绣，有的糊纸盒，还有的在裁剪。

"招娣，有人来看你了……"院长笑眯眯地叫道。张恨水也一眼看到了照片上的姑娘，她正在一张桌子上糊纸盒，听到叫声，她落落大方地站了起来，向他们走过来。只见站在眼前看到胡招娣，五官比照片上更水灵，身材比照片上更消瘦，让人看一眼顿时会忍不住心生怜悯。

而看到张恨水脸如美玉，温文尔雅，胡招娣也满心喜欢，害羞地低下了头。看到有戏，院长也很识趣，笑眯眯地对胡招娣说张先生找她，想问她点事情呢，让张恨水带她到后院的竹林去走走。

人生若只如初见。一个是声名远扬的文坛明星，一个是青春可人的美丽少女，真可谓才子佳人，彼此心羡。张恨水自思自己是男人，应该主动一些，所以勇敢地牵起了胡招娣的手说："咱们走走吧……"其实，胡招娣看似十分柔弱，却落落大方，对张恨水嫣然一笑，跟着他出了房间，向院后的竹林走去。

"我不是富人，但我一定会对你好……"牵着胡招娣的手，张恨水温柔地对她说。一句话顿时让胡招娣感觉遇到了亲人一般，一下对张恨水有了满腹的好感，满肚子的话也想要向他诉说，而在她娓娓的诉说中，张恨水才知道眼前这个清秀美丽的少女，身世竟然是那样的凄惨坎坷。

原来，胡招娣并不是北京人，在模模糊糊的记忆中，她记得自己老家在重庆的某个地方，家里姓胡。自己的家乡是一个美丽的地方，有水有山，家庭虽然很清贫，但却很温暖，父亲每天一早就出门去挑水卖水，而母亲则在家里操持家务，照顾自己的弟弟。记得有一天，父亲出门以后，母亲就带着她去赶集。害怕她路上饿，母亲还把蒸好的饭团带了几个，让她在路上饿的时候吃。集上的人好多呀，还有好多好吃的好玩的，她好奇地看着集上的东西，不知不觉竟然松开了牵着妈妈的手。直到她饿了，想起母亲带来的饭团子时，才发现妈妈早已不在身边了，几岁的她顿时吓得哭起来，而这时一个高个子的男人对她说：“你是不是想找你妈妈呀？我知道你妈妈在哪里……”一听说人家知道妈妈在哪里，她就乖乖地让那人抱着，那人抱着挤出人群，然后上了一只船。这时小小年纪的她才有些惊恐起来，因为她记得，来赶集的路上没有坐船呀，于是她“哇”的一声哭起来。而刚才还很亲切的男人，顿时变了脸，凶狠地对她恐吓说：“再哭！再哭就把你扔进水里喂鱼……”

她还是不停地哭呀闹呀，一直闹到精疲力竭昏睡过去。当她再次醒来的时候，她自己都不知道自己身在何处，她在一个漂亮的大客厅中，好几个人在围着她看。然后，她就留在了那里。后来，她才知道，原来自己被带到了上海，卖到这户姓杨的人家当丫鬟。从此，招娣就像掉进了苦水里，才刚只有几岁，却要干好多的活，扫地、给太太端洗脸水洗脚水、跟着花匠修剪花草……如果仅只干活倒也罢了，还要不停地受主人家打骂。

主人烦了，就骂她，打她；干活干得慢了，也要打她骂她。到杨家不到半年，身上就变得伤痕累累，看上去触目惊心。没过多久，杨家举家迁到了北京。

十四岁那年冬天，因为主人家生日，所以有仆人天不明就起床，开始打扫房间，布置寿堂。因为前天晚上已经熬到半夜，招娣有些支撑不住，抱着一只花瓶往茶几上摆的时候，一时失手，花瓶掉在地上，顿时摔得粉碎。听到响声，管家跑了过来，立刻大骂起来："你个贱丫头，竟然敢打破老夫人喜欢的花瓶?!你可知你十条命也抵不上这个花瓶……"一边骂一边上来就踢了招娣几脚，骂她笨得像头猪，成天除了会吃饭，什么活也干不好！

恰巧主人走进来察看房间的布置，听了管家的汇报，立刻凶狠地命令管家说，这样毛手毛脚的丫头，得让她长点教训！顿时，管家就像狗腿子一般，立刻拎着皮鞭狠狠抽在她的身上，只几下子就把她身上抽得皮开肉绽，管家一边打还一边骂她是想偷懒，还故意打破了花瓶。一直把她打得头破血流，奄奄一息，才把她往院子里一扔，罚她跪在雪地里。又累又饿的胡招娣跪在雪地里，冻得浑身乱颤，终于一头晕倒在雪地里。

半夜，被疼醒的招娣又饥又饿，看到人们都睡了，她就挣扎着爬出了杨家的院子，她要逃离这里，要不她会被打死在这里的。风雪交加，饥寒交迫的胡招娣逃出了杨家，却无处可去，一个路人看她可怜，就指点她来到了习艺所，这才保住了一条命，活到现在。

才刚十几岁的女孩，竟然受了这么多的委屈，怪不得她如此瘦弱伶仃呢。听了胡招娣的遭遇，张恨水忍不住摇头叹息，深深怜惜中，他紧紧握住她的手说："放心，从此有我在，你就不用怕，我一定给你温暖，让你品尝人间的幸福……"虽然只是初次相见，但胡招娣却对眼前的年轻人深信不疑，握着他的手，害羞地点了点头。

几个月后，张恨水把自己在《世界晚报》的宿舍收拾了一下，和胡招娣举行了一个简单的婚礼，张恨水不事张扬，只邀请了报社的同仁参加，大家热热闹闹聚了聚，算是完成了婚礼。

洞房里，红烛燃烧，清香氤氲。正堂上，一幅鸳鸯戏水图，两边是张恨水自己书写的鲜红对联：落霞与孤鹜齐飞，秋水共长天一色。捧着新娘子美丽的脸，张恨水深情地说："招娣，你虽然卑微，但你比美丽的白鹜更高洁，比秋水更轻盈，我要用我的爱，让你一生轻盈，一生美丽。今天是我们幸福生活的开始，从前的遭遇就是一场噩梦，再也不会来纠缠你，我们不但要开始新生活，你还要有一个新名字。招娣，我想好了，你从此就叫秋霞，高远而璀璨的秋霞，你喜欢么……"

在他眼里，新娘子清纯美丽，性情高洁，天色长空，浑身一体，她堪当得起这样的美誉。而沉浸在幸福当中的胡招娣，听着丈夫为自己起的名字，羞赧地笑了，把身心也全部交给了眼前的男人，眼里洋溢着的是对未来幸福生活的渴望和期盼。

婚后的生活是甜蜜的，从小被卖当丫鬟、过着苦日子的胡秋霞，真心感激张恨水给了自己崭新的生活，全心全意照顾着张恨水，用自己的全部付出来回报张恨水的爱。

知道秋霞认字不多，张恨水在写字之余，就教她认字、读书。希望把秋霞教成知书识礼，温文儒雅的新女性，但性格直朴的秋霞却常常搞得他哭笑不得。这天，他教她写"秋"字，他一笔一画在纸上写下秋字，对她说："这是秋，秋霞就是这个秋字……"

"哦，我认得了，是这样写的。"秋霞心性聪明，果然能按着他的笔画把刚刚教自己的字一笔一画写下来。

"哇，对头，就是这样子的，不过再在下面加个心字，就是愁字了……"张恨水赶快趁热打铁，希望多教她认几个字。但秋霞却说："什么是愁呀？"

"愁就是不愉快呀，心里不好受。"张恨水耐心解释说。

"哦，我才不要愁呢，我也不要不愉快，我现在就感觉很好呀……"胡秋霞快乐地说。还是少女的胡秋霞，生活中虽然有太多的苦，但在她看来，那都只是过去的记忆了，现在的生活她更是满意，这就是天堂的生活，所以让她体验愁字，她根本就从心底里拒绝。

教秋霞认了两个字后，张恨水又给她讲古诗，他翻开王维的《使至塞上》，给她讲诗中描写边塞风光，讲作者的飘零沧桑，讲最美的意境——大漠孤烟直，长河落日圆……讲着讲着，张恨水有点愕然，因为秋霞低着头好久了，一直一动不动。他放下书，弯下腰去看秋霞，天哪，只见她不知何时进入了梦乡，正低着头睡得美，嘴角轻轻咧着，露出甜美的浅笑，似乎在梦里遇到了什么美好的事情。

"唉……"张恨水忍不住轻轻叹了一声。这一声叹息一下把秋霞惊醒过来,她高兴地跳了起来,问丈夫:"你讲完了么?讲完了我就去给你做饭,做你最喜欢吃的!"说着就扭身向厨房走去,张恨水望着她欢快的背景,忍不住又一声叹息,无奈地摇了摇头。

虽然胡秋霞不喜欢读书,但却把张恨水的生活打理得井井有条,这让过了几年单身生活的张恨水感觉无限满足。这天,他从报社回到家中,一看到他回来了,秋霞欢快地迎了上来,兴奋地对他说:"咱家里来客人了……"张恨水一看,果然,只见客厅里坐着两个穿金戴银的夫妇,看到他进来了,他们赶快站了起来,满脸笑容地望着他,男的还赶快上前一步,握着他的手说:"女婿回来了,快坐,快坐!"

他倒比张恨水自己还像主人了,张恨水不解地望着他们,他们叫自己女婿,秋霞可是曾给自己讲过,她的父母远在重庆那边,而且也不似这般富有吧?面对张恨水惊愕的眼神,这位胖胖的男人赶快解释说,他们就是秋霞从前的主人家,他们说,好歹秋霞也在他们家里伺服了几年,自己可是从来都把秋霞当成亲闺女来看待的,得知秋霞嫁了张恨水,他们今天是特地来认亲的。他们是富人,张恨水是名人,他们今天要认秋霞正式当干女儿,为了表示诚心,他们还给干女儿带来了礼物呢!

他们说着,把带过来的东西给张恨水看,只见一个锦绣盒子里,放着几件金镶玉雕的首饰。但看着这一对夫妻的嘴脸,张恨水实在不喜欢,就淡淡地对他们说,走动可以,毕竟秋霞和他们也是主仆一场,但认干女儿就免了吧,而且首饰也请带回去吧,自己虽然是穷书生,但给妻子买首饰的钱还是有的。看到丈夫不喜欢,胡秋霞就旗帜鲜明地站在了丈夫一边,坚持按丈夫说的，让他们把礼物带走。

李氏夫妇走后，张恨水对秋霞说："秋霞，你没有怪我不近人情吧？"

"没有，我从来都是支持你的！你说什么就是什么！"胡秋霞爽快地说。

"嗯，想当年他们是如何待你的呀，简直没把你当人，现在又假惺惺地来示好，这样八面玲珑的人还是少接触为好，我想咱们人穷志不穷，他们富有咱不羡慕，过咱们的日子最好。"

"知道，我知道呢！"

"你放心，我知道你孤苦无依，我也在替你寻找失散多年的父母呢，说不定很快就会有消息了……"张恨水安慰胡秋霞说。

"真的?!"一听这话，胡秋霞一下惊喜起来。

张恨水郑重地点点头。原来，结婚以后，想到秋霞从小被拐卖，命运凄苦，张恨水心里经常不安，已经托了远在四川的朋友，让他们打听秋霞的亲人，希望能给妻子一个团圆的家庭，让她重新回到亲人的怀抱。

一个月后，身怀有孕的胡秋霞从街上买菜回来，刚进家门就听得张恨水正和一个年轻人在说着话，看她进来了，那个年轻人一下站了起来，扑上前来握着她的手直叫："姐姐！是你么？我是小弟呀……"

胡秋霞愣愣地站在那儿，突然冒出来的弟弟让她有些不知所措，张恨水赶快笑呵呵地对她说："别傻站着了，这就是弟弟呀……"原来，张恨水托朋友千辛万苦在胡秋霞记忆中的家乡寻找，终于寻找到了一户姓胡又是丢了女儿的人家，确认以后，便带着那户人家的儿子匆忙赶到了北京前来相见。

哦，果然是失散多年的弟弟呀！胡秋霞的泪水霎地夺眶而出，紧紧握着这位多年未见的弟弟的手，哽咽着询问父母的情况，家里这些年来的情况。弟弟抹着眼泪告诉她，自从她丢后，母亲思念成疾，几年前就去世了，家里现在只有自己和父亲。

久别重逢，张恨水极尽东道主之谊，让胡秋霞带着弟弟把北京城的景点转了个遍，待走时，又买了许多礼物让他给远在家乡的父亲带回去，两人一直把弟弟送上船，才依依不舍道别。

日子像溪流一样，潺潺向前流，两个人的生活虽然甜美，却也时常涌现出让张恨水哭笑不得的"音律"。

除了做家务，胡秋霞也爱玩，她喜欢打牌，就经常约人到自己家里打牌，起先的时候，张恨水也不忍说她，但他们经常玩牌到深夜，严重影响了他的写作，他忍不住说秋霞，让她以后少玩一会。没想到秋霞振振有词地说："我们玩牌也没有错呀，你看凡是太太都要打牌的，你怎么能不让我打牌呢！"

话虽如此说，秋霞还是注意起来，不再约人来家里玩，却常到别人家去玩，这样就经常晚归，张恨水不喜欢吵架，嘴上不说她，但眉头却不由自主地深深皱了起来。幸好没多久，秋霞就生产了，生了一个胖乎乎的女儿。望着可爱的女儿，张恨水给女儿取名叫大宝，有了孩子，两人都把心思用在了孩子身上，暂时忘记了生活的些许不愉快。

添了孩子，胡秋霞是真真切切手忙脚乱起来，不到二十岁的她，从小当丫鬟，只会干粗活，孩子的衣服她做不来，在邻居的指点下，好不容易给孩子做了几身衣服，穿在孩子身上，却把孩子打扮得像个大包子，抱着孩子，张恨水只得苦笑着说："好，没事，只要不冻着饿着孩子就好！"除了不会做衣服，她也不懂得如何照顾孩子，于是常常是张恨水正在写字呢，她就把哇哇啼哭的孩子塞到了他手里，不高兴地说："你也赶快抱抱呀，她老是哭……"

除此之外，她也不太会理财，每一次上街，总是大包小包地给孩子买玩具，自己也买，回来哄孩子，随手就扔在床上，当疲惫的张恨水想去休息时，只见床上大人、小孩、玩具一塌糊涂，就像到了重灾区一般。面对此景，张恨水也只能摇摇头，然后睡到沙发上。

张恨水再一次对自己的婚姻生出了隐隐的失落，但纵然如此，他仍记得自己对秋霞说过的话："要对你一生的好，不让你在红尘凋零……"所以，他咽下了所有的不快，从不对她发脾气，孩子哭了自己抱、自己哄，她要零钱去买玩具、零食，他就满足她。

胡秋霞沉浸在自己的幸福里，张恨水失意在自己的失落里，但在外面，他们绝对是一对恩爱的夫妻。只是，张恨水把失意和苦闷全化在了自己的文字里，从不对妻女展露半分，这在他，是责任，也是一个男人的道义。娶了她，就要为她一生负责。

恨不相逢未婚时

因为孩子的出生，生活变得更像一首杂乱无章的交响曲，每天上班、写字、帮助秋霞照顾襁褓中的女儿，张恨水的生活显得忙碌又疲惫。这种状况让他觉得头疼，心里也时时充满着失落，为了躲避，他经常去和朋友聚会，借此逃避不愿看到的一切。胡秋霞却对此毫无感觉，她并不因生活的忙乱而郁闷，她对自己的生活相当满意：没有人再打骂自己，不用像奴隶一样不停地劳作，而且这个男人是如此怜爱自己，自己要什么，他就给什么。生活对于她来说，就像天堂一般美好，至于丈夫的些许不如意，她并不理解，也不在意。

沉浸在自己幸福之中的小女人，哪里会想世上还有许多意想不到的事情会发生呢，而且，她也根本不会想到，才子丈夫的身边处处皆是诱惑，正悄悄地威胁着她的幸福。

这天，张恨水上班后，胡秋霞把孩子哄睡，就赶快在床上铺开一块布料，准备给孩子裁一件小衣服，时令已进入深秋，得给孩子准备冬衣。说到做衣服，胡秋霞就觉得自己好笑，自己不会做衣服，从前总是求人做，但不能老是求人呀，所以前几天，她在邻居大婶们的指点下，给孩子做了一件棉衣，但棉衣做成后，却严重走了形，袖子和身子一样粗细，让孩子试衣时，孩子的胳膊倒是轻松套进了袖子里，但身子却怎么也扣不住扣子，只好今天重新做。想到这件事，她就忍不住哈哈笑起来，说："唉，我咋就这么笨呢！"

自己是太笨了，虽然丈夫不会嫌弃自己，但邻居也会笑话呀，所以她想赶快学会做衣服。拿着剪刀左瞅右瞧，正在为难从哪里下剪，这时响起了敲门声。"哈哈，我在学着给大宝做衣服呢！这一次我一定会做得很漂亮……"以为是丈夫回来了，胡秋霞兴奋地跑去开门，一边大声说。门开了；走进来的却不是丈夫，而是一位漂亮的陌生女人。

呀，这女人好漂亮呀。只见她身材高挑，亭亭玉立，头上还烫着时髦的波浪卷，脚上踩着一双红色的高跟鞋，穿一件浅紫色旗袍，眉毛描得又黑又细，嘴唇又红又亮，真真就像一个电影明星呢。

看着来人，胡秋霞有些发愣，在朋友和邻居中，没有这样时髦而漂亮的熟人呀，她是来找自己的？所以，胡秋霞的第一个感觉是人家走错门了。

不过，胡秋霞很快发现是自己错了，人家竟然真的是来找自己的。漂亮女人先把房间环视了一遍，然后眼睛又上上下下地打量着她，嘴角一咧，有些不屑地开口说："哦，你就是张恨水的太太？"

这是什么话，自己在这里，当然是他太太了。胡秋霞有点不安，她觉得这个女人的气势太强了，她有点受压迫的感觉，而且，女人叫她太太，她也有点不习惯。平时，丈夫和邻居们都是叫自己秋霞的。她尴尬地笑了一下，仓促间竟然不知如何招呼这位陌生的来客了，只是说："我叫秋霞，我丈夫也一直叫我秋霞的……"

那女人听了她的话，竟然扑哧一声笑了。然后摇着头说："啧啧，瞧这屋子里……"

胡秋霞再怎么笨，也看得出这女人的轻视，她真的不爽了，这女人搞什么呀？这可是在自己的家里呀，她拽什么呀？所以，她很快镇定下来，盯着漂亮女人直接地问："你笑什么呀？我很可笑么？"

"没什么，你一点也不可笑……"女人说着，竟然直接走到了张恨水的书桌前，拿起桌上的文稿看起来。胡秋霞立刻阻止她道："不要动他的东西！赶快放下呀！乱动他的东西，他会生气的……"她知道，丈夫最喜欢的就是写字，在平时，她也从不去动他的东西，现在这个女人好大胆，竟然敢乱翻丈夫的书桌！

女人再次哈哈笑起来，然后放下了手里的稿纸，对她说："没什么，放下了，你不要紧张。"然后站起身向门外走去。

"哎，你怎么走了？不等我先生了？也不喝杯茶……"胡秋霞在后面叫她。她真是奇怪了，这个女人太奇怪了，打扮得像个洋人似的，却像个神经病，来到自己家里，也不说找谁，就胡乱翻一气，然后就走了？！歪着脑袋想了好久，她也没想明白这是怎么回事。

张恨水：温润如玉一世情

中午，张恨水从报社回来，胡秋霞赶快给她端上饭菜，一边哈哈笑着把中午的事情讲给张恨水听，在她看来，这件事真是有趣，那么一个漂亮又时髦的女人，竟然是个神经病，来自己家里悠荡一圈，也没偷东西，也没说什么话就这样走了。

胡秋霞是个心地简单的女人，再加上她几乎没有什么社会阅历，遇到事她也根本不会往复杂上去想，所以当笑话一般把这件事告诉了丈夫，只是她却没有注意到丈夫在听了她的话后，神色顿时变得十分尴尬起来。这件事让张恨水有些慌乱，也让他十分不安，胡秋霞虽然被蒙在鼓里，但他却知道漂亮女人来访的意味和深深隐藏的潜台词。

这个女人叫吴丽娜，是他刚认识不久的一个女友，这件事既是他心里的一个幸福小秘密，也是他心中的一抹忧伤。

认识吴丽娜，是在上个月。那天下班后，刚被他推荐的到《世界晚报》当编辑的张友鸾拉他去参加一个酒会。路上，张友鸾告诉他说这是一个大聚会，除了文艺圈里的朋友，还有许多新潮的刚从国外回来的年轻人。聚会的地点设在一家酒楼里，当他们到达时，会场已经有了许多人。主人是一对刚从法国留学归来的留学生，热情地把他们介绍给在座的朋友们。

聚会果然如张友鸾所说，参加的除了文艺界的精英，也有许多新潮的留学生。大家高谈阔论，谈当前的国际形势、国内形势，也谈个人的理想和追求。其中，一个年轻而漂亮的女人更是引人注目，她不但漂亮，而且每当她讲话时，她就用一口流利的英语来叙说。她是那样漂亮，又是那么的优雅，一下就夺得了全场的眼光。

　　和张恨水坐在一起的张友鸾悄悄给他介绍说，这个年轻而漂亮的女性叫吴丽娜，刚从英国留学回来，她家庭十分富有，再加上她的漂亮和学识，好多男生都在追求她呢。张恨水不由对她多看了两眼，只见她明眸浩齿，神采飞扬，再加上又会英文，又留过洋，真个是漂亮新潮的极品女人呀！

　　不过让张恨水不好意思的是，当他悄悄观察这个新潮女性的时候，吴丽娜那双火辣辣的眼光也不停地落在他身上，这让他莫名其妙地有些害羞，开始躲避她的眼光。在开始用餐的时候，又一个让他窘迫的场面来临了，吴丽娜竟然就坐在他的对面，刚一坐下，她就继续用火辣辣的眼神盯着他，这让他如坐针毡。

　　吴丽娜实在热情，饭局刚一开始，她就端着酒杯开始给大家敬酒。她的热情和美丽几乎让所有的人都无法抵挡，所以她每走到一个人身边，这个人就乖乖地喝下她敬的酒。看到这些，张恨水更有些心慌意乱了，因为他是从来不喝酒的，他担心他拒绝不了这位漂亮女人的热情，而自己又不会喝酒，岂不是要闹笑话。

　　果然，猜测很快得到了验证，吴丽娜很快就端着酒杯来到了他跟前。张恨水赶快站了起来，连连摆手说自己真不会喝酒，当然，为了不拂吴女士的热情，他可以以茶代酒。出乎他的意料，美女倒真没有死缠硬赖地让他喝，而是含情脉脉地望着他说："大名鼎鼎的大才子竟然不会喝酒？不过没事哦，正好小女子可以代劳……"说着，竟然很大方地把张恨水的酒一饮而尽。

　　"好，从来都是英雄救美女，这一次是美女救英雄，张兄艳福不浅呀!"大家一看,都嬉笑起来,开着他们的玩笑。没想到吴丽娜一点也不介意,而是大方地站在张恨水旁边对众人说:"哈哈,大家说得对,从来美女都喜欢英雄,张先生虽然不是英雄,却是著名的大才子,比英雄更有光彩呀,美女当然会喜欢喽!"真是太大方了,大家顿时更加兴奋,噼里啪啦鼓起掌来。

吴丽娜超群的姿仪,豪爽的性格,让张恨水大开眼界,心里不由对她又多了份好感。

第一次见面,彼此的好感也拉开了一场爱情的序幕。仅只隔了不到一星期,张恨水就接到一个请帖,约他在一家茶室见面,当他如约来到茶室时,天哪,他看到了什么呀?只见吴丽娜打扮得像个天仙,正坐在那儿含情脉脉地盯着他呢!

张恨水是一个才子,但他首先是一个男人,男人,是对美女永远渴望的一种动物,一直对自己的婚姻有些许失落的张恨水,自幼沉浸在美好爱情幻想中的张恨水,对美女,更是有一种先天的热爱,何况吴丽娜还是这样一位人精儿。所以,当吴丽娜温柔地告诉他,她喜欢他,已经毫不犹豫地爱上了他时,他也为眼前这个美丽而知性的女性陶醉了。

张恨水一下就陷进了她的爱情里,和吴丽娜打得火热,三天两头约会,俨然一对情深意重的恋人。爱情的终点是婚姻,再新潮的女人,也免不了落俗,两人恋爱一段时间后,婚姻问题也摆上了桌面。那天,当两人再次来到茶室约会时,吴丽娜握着张恨水的手,紧盯着他的双眼问:"张君,你爱我么?"

"爱,爱你到骨头里,把你爱到灵魂里……"

　　情浓时，两人几乎都把誓言当常语。张恨水似乎第一次寻找到自己渴望的爱情，面对吴丽娜的炽热，他也热烈地回应。当然，彼时的张恨水，已经不是当年可以为爱情离家出走的少年郎了，他心中更多了份责任和道义。所以，在品尝着甜蜜爱情的同时，他也向吴丽娜讲述了自己的婚姻。

　　"亲爱的张，你很坦诚，不过这些情况我都知道。而且，你的婚姻也不是咱们婚姻路上的障碍，亲爱的张，只要你解决了你的两次婚姻，亲爱的，我们就可以完美地结合在一起了，我是不在乎你有过两次婚姻的，我要的是现在的你！"吴丽娜紧紧握着他的手，微笑着对他说。

　　这似乎是解决问题的最好办法，而的确，在张恨水的周围，也有许多人是这样解决从前的婚姻的，和旧式的老婆离婚，然后再娶新潮的女性为妻。但张恨水却犯难了，他觉得离婚好艰难好艰难。徐文淑是母亲为自己包办的原配，但胡秋霞却是自己心甘情愿娶到家的，而且自己当时也对胡秋霞说过，要让她过一辈子幸福日子，要对她好一辈子，怎么能转脸就要对她说离婚呢……

　　面对张恨水的犹豫，吴丽娜却很坦然，因为她知道自己的优秀，自己就如天上的白云，高洁、优雅，而张恨水的两位前妻，她当然听说过，一个是乡下婆娘，一个没多少文化，哪里能和她相提并论？她才不相信他会看不到自己的美，而去留恋路边的草！所以她微笑着对张恨水说："没事的，亲爱的张，你可以好好考虑一下的。我给你时间。"

　　对面吴丽娜淡定的微笑，张恨水更是心慌意乱，是的，吴丽娜很美，并且很有知识，可是，她总有一点让他不安的情绪。她的美让他有种压力，文淑有了什么不开心的事，她从来都不说，也不记恨，只用付出来挽回别人的心；而秋霞则是干脆利落，一竿子戳到底，从不把事情藏在心底。但眼前这个吴丽娜，却像一个猎人，不惊不慌，淡定自若地撒开网，似乎在等待猎物向里钻。他匆匆起身，第一次没有留恋她的美和柔情，忧郁地对她说，他要好好想想，想好了答复她，然后就匆匆走掉了。

这些天，他心里一直是在考虑的，他知道吴丽娜对于婚姻是毫不妥协的，要想得到她，就只有一个条件，离婚！但这些天他那颗犹豫的心，也越来越向文淑和秋霞倾斜，他觉得，为了自己新潮的爱情，负了两个女人的话，是不是有点太不厚道了?! 而且，如果离婚的话，母亲大人大概也会心里不舒服，如果因为这件事再让母亲生气生病的话，自己不但不厚道，也是一个不孝子了！

在思考中，他的心渐渐安宁下来，决定放弃，没想到吴丽娜竟然找上家门来了，她要干什么呢? 他决定找到吴丽娜，跟她说清楚，自己是真不能离婚的。

深秋的万寿山，景色依然秀丽，除了峰峦叠嶂的碧绿，开在山间的小花，幽静的小路，都是让恋人们留恋的好地方。张恨水和吴丽娜此刻也正走在山间，只是，张恨水和从前来这里时的神情相比，已经少了好多热情和炽烈。吴丽娜的眼神依然是火辣的，盯着张恨水，她觉得自己此刻就是一个驰骋沙场的将军，奇阵已经布好，只待凯旋收兵了。

"张，你爱我么?" 握着张恨水的手摇了摇，她妩媚地问。

"爱!"

"那么,我们马上就可以过上一种现代而新潮的生活,你愿意么? 这不是你所想的么?"她的眼神里既有含情脉脉,也有鼓励和渴望。

"亲爱的,我想,可是……"

吴丽娜笑了,她已经猜出了他要说的话,不就是他的两次婚姻么? 她淡然地说:"亲爱的,我根本不在乎,我已经跟你说过好多次了。咱们都是新派人物,不应该被旧观念束缚住手脚,张,你是一个才华横溢的人,但你的婚姻却是你人生最大的污点,你要挣脱这种旧式的婚姻,还原自己的幸福! 亲,我会陪在你身边的!"

"可是,我怎么能和她们离婚呢,离了婚,她们怎么生活下去呢……"张恨水无奈地说,并且下定决心,准备回绝这位美丽的吴丽娜。吴丽娜却并不知道张恨水此刻的心情,她截断张恨水的话,鼓励他说:"怎么不能离婚! 现在离婚的多了。而且,你的两位妻子,远的不说吧,近的,我也调查过了,那个胡秋霞,唉,我真替你可惜呀,她那么笨,甚至没有文化,你说,她们怎么能配得上你呢?! 她们都不是你的菜,亲爱的,你要当机立断,幸福才会降临在你身边!"这真是一个致命的诱惑。

张恨水何尝不想如此,挣开束缚,轻松地伴着爱人飞呢! 可是,一想到后果,他就真的不忍心了。徐文淑是在乡下长大的女子,在乡下,一个女人甚至对自己的婚姻都不能自由,更别说被男人离婚了。离婚就等于是被男人休掉,一个被休了的女人,她会一辈子抬不起头,会被人嘲笑一辈子,那她以后的人生，还有什么意义呀？再说秋霞吧，她虽然不懂文墨，但却是自己把她从习艺所带出来的，而且，如果现在自己抛弃了她，自己良心难安，她又该怎么生活呀？

"行不行呀，亲爱的，我在等着你回答呢！"吴丽娜温柔地说着，在他的额上亲昵地吻了一下。

张恨水不得不回到现实中，坦白地向吴丽娜说："离婚是很容易，可是我不能做没良心的事呀，离了婚，她们两个怎么生活呀？我办不到……"

"亲爱的，我是一个新式的女人，我绝对不容许我的丈夫在我之外还有别的女人，而且，我也不会当三房。所以，你想好吧！我等你回话！"张恨水的回答真出乎她的意料。在她看来，两个女人都根本不是自己的对手，自己胜券在握，没想到张恨水竟然这样告诉她：他丢不下两个女人！

可恨！吴丽娜感觉被轻视了，她生气地望着张恨水，觉得自己必须坚强起来，否则这场战争只会一败涂地。所以，她霎地一下站了起来，对张恨水说："好吧，但我怎么能勉强你呢，你好好想想吧，要想和我爱下去，唯一的条件就是你必须得和她们两人离婚。我走了，不过亲爱的，我会等着你的……"

她相信，只要自己强硬起来，张恨水就会软下来，然后离婚，最后投身到自己的怀抱。但吴丽娜真想错了，张恨水第一次在爱情上当了逃兵。

他没有像吴丽娜想的那样，因为控制不住思念而去离婚、去追逐自己的爱情。在郁闷伤心之后，张恨水给吴丽娜写了一封绝交信，在信中坦诚地说：自己从灵魂到肉体，都在渴望一种新式而真诚的爱情，但当命运预先送给他两个女人时，他就不能只考虑自己的爱情了。他不能丢下责任和道义，不能因为新的爱情就让两个女人陷入生不如死的地步，那样自己会一辈子良心不安的。所以只能请吴丽娜原谅，恨不相逢未婚时！

然后，他独自来到街上，把信送到邮局。在把信件交给投递员的一刹那，他也止不住落下两行清泪来。

心甘情愿独担当

　　一场足以让家庭翻覆的爱情战火，就这样被张恨水熄灭在了家庭之外，而直率的胡秋霞却丝毫没有察觉，依旧沉浸在自己的幸福当中，粗枝大叶地过着她的快乐生活。平淡的生活里，总充满着细微的快乐喜悦，比如，孩子会笑了，会对着大人揪鼻子了，再比如，丈夫又为自己买了一件漂亮的首饰。这些，都是胡秋霞的快乐，而在这些平凡而琐碎的快乐中，她也早已经把那个奇怪而漂亮的女人忘到了九霄云外。直到有一天，她忽然收到一份夹在信中的请帖。

　　打开信，只见上面龙飞凤舞写的全是英文，她一个字也不认得，但请帖她却熟悉。请帖上面雕龙画凤，十分精致，胡秋霞识字不多，但从前毕竟在大户人家当过丫头，所以知道这是结婚的喜帖。认认真真把喜帖看了又看，原来是有人结婚，要请自己和丈夫前去赴宴呀。她立刻拿着喜帖跑到正在写字的张恨水跟前，欣喜地对他说："快，这是给咱们的请帖，有人请咱们去吃喜酒呢……"

"你就知道喝酒！"张恨水看到胡秋霞高兴的样子，不由得摇头说。但他也知道，胡秋霞对酒有着病态的眷恋，这说来也话长。秋霞小时候，因为身为奴才，吃不饱饭也是经常的事，有一次，她实在太饿了，就偷偷溜到主人家的阁楼上，想找些吃的。在阁楼上，她看到角落里放着一箱子酒，还有整筐的松花蛋。饿得前心贴后背的她什么也不顾了，赶快剥了一个蛋，就着酒咽了下去。那一次，因为酒和松花蛋没让她饿死，而她也从这次抗争中得出了经验，以后再饿的时候，就悄悄去阁楼，喝几口酒吃一些松花蛋。虽然酒和松花蛋救了她的生命，却也让她染上了戒不掉的酒瘾。

结婚以后，张恨水怜惜她小时候的遭遇，虽然自己不喝酒，但从没有责备过她是个女人家贪酒，反而经常把各样酒买一些，放在家里，以备她酒瘾上来的时候喝一些。"嘿嘿……"被老公责备了，胡秋霞并不难过，反而嘿嘿笑起来。

张恨水从胡秋霞手里接过信喜帖，但还没看完，脸色就变了，他没想到，发喜帖的竟然是吴丽娜。她在信中邀请他和妻子去参加她的婚礼，她告诉张恨水说，她的老公是一位成功的商人，在海内外都有生意。而作为一个新式女性，她将要和老公举办一个充满西方文化气氛的婚礼，一定会让所有的到会者感觉到与众不同的味道。并着重声明说，作为对主人家的尊重和贺喜，一定要满足主人家的心愿，如带上夫人！

这既是挑战，也是示威。吴丽娜的意思不言而明：你可以守着你的旧式老婆，但我却是不愁嫁不出去。而且，在我的婚礼上我也会让你看到，我是多么的出众优雅，而你的太太，却是那么的笨拙，甚至没有学过数理化，也不懂得语数外，你失去的是一颗夜明珠，而你守着的也只是一个柴火妞。

说实话，拿着这样的喜帖，张恨水的心情的确不爽，但他不能不去。接到了喜帖而不去赴宴，是一种极不礼貌的行为。

吴丽娜成心打击胡秋霞，张恨水心知肚明，为了不让胡秋霞在人前失面子，他还特地为秋霞赶制了一身新旗袍，又为她买了几件首饰。终于到了赴宴那天，张恨水特地交代胡秋霞说，一定要穿上新衣服，戴上首饰，要打扮得漂漂亮亮。

"嗨，不就是去参加婚礼，我打扮得太漂亮了，会把新娘子压下去吧……"胡秋霞一边换上旗袍，一边不好意思地说。在她的感觉中，今天是人家的大喜庆日子，自己再怎么也只是个陪客，怎么能打扮得那样风光呢！但张恨水给她的解释是："当然要打扮得漂亮些，你想呀，人家是喜事，去赴宴的人有多少呀，你怎么说也是一个大作家的太太，当然不能让他们小瞧咱们了。"

张恨水的解释太牵强了，但性直的胡秋霞却喜滋滋地按着丈夫的意思打扮起来，只见她打扮起来，竟然也真的是风姿绰约，把东方女性的美发挥到了极致。看着漂亮的秋霞，张恨水又喜又郁闷，秋霞是真的漂亮，如果她再用心学习文化，那真正是十全十美了。

婚礼果然如吴丽娜说的，全新式的，她和新婚丈夫在教堂举行过典礼后，就邀请宾客到大酒楼的西餐厅进餐。婚礼吃西餐，每个人面前放的是刀叉，这让许多人不习惯，一时间，只听叮叮当当刀叉碰撞的声音，餐具掉在地上的声音，还有宾客埋怨主人不会安排的声音，真是热闹十分。而让所有人吃惊的事是，张恨水的太太却镇定自若，优雅大方，只见她熟练地拿着刀叉，熟练地切碎盘子里食物，淡定自若地送进嘴里，动作娴熟自然得简直就像个西洋美人一般。看着别人吃惊的眼光，张恨水也不由得替秋霞暗暗得意，因为秋霞自幼就是个左撇子，用刀叉对她来说，根本不是难事。

坐在胡秋霞旁边的客人，羡慕地望着她娴熟的动作，称赞说："你真能干，刀叉用得这样熟练，唉，看我们，都是来出丑的……"胡秋霞笑笑，看到那么多人在羡慕自己，就更加得意，大方地说，自己用刀叉是常事。还热情地指点着她怎样用，还帮她把盘子里的食物切碎。

回家的路上，张恨水的心情明显的很高兴，夸奖秋霞说："你今天真是夺得了所有人的眼光，不但漂亮，还那么得体，真让所有人都大吃一惊呀！"丈夫的夸奖，胡秋霞高兴得心花怒放，她哪里知道，因为自己的得体大方，今天的新娘子着实有些生闷气呢！本来是想借着吃西餐让她出丑的，没想到让她结结实实风光了一回。

婚礼过后没多久，胡秋霞就再次怀孕了，而此时，寒冷的冬天也到来了。张恨水可谓喜事临门，那天，几个新闻界的朋友在一起吃饭，席间，上海书局的总经理沈知方十分看好他在上海《申报》和北京《世界晚报》连载的长篇小说《春明外史》和《啼笑因缘》，和他商定要买断他的版权，并且一次性付清所有稿费。张恨水当然同意，这将是一笔不小的收入呢，因为心情好，回家的路上，他还顺便进了银楼，为秋霞和大宝买了几只镯子。

刚踏进门里，只听秋霞在哈哈笑着说道："太宝，你看咱们家，越来越乱了，要是再给你添个小弟弟小妹妹的话，咱家里就会更乱的呀！到时候你爸爸就会被吵得写不成字喽……"踏进屋里，只见秋霞正在当屋铺了张席子，正趴在席上给孩子做棉衣，而席子周围，散乱着孩子的小衣服，还有刚刚喂过孩子吃饭的小碗，天哪，这房间里真如秋霞说的，凌乱得无以复加了。

其实房间凌乱，也怪不得秋霞，一家三口住着这么一小间房子，仅孩子的东西玩具、衣服等等，差不多都把房间摆满了。想想还真的，如果再添个小孩子，这房间里恐怕连人也站不下了呢！刚得了一大笔稿酬，张恨水心里也高兴，一把抱起了女儿，在女儿的小脸上嘟地亲了一口，对母女俩说："哈哈，房子小了，没事，为了迎接咱们的新宝宝，咱们就买大房子！"

"真的么？"一听说买房子，胡秋霞也顿时来了兴趣，停下手里的活计，兴奋地问张恨水。

"买，要买咱们就买个大的，把老家里的人也接来，大家一起生活！"张恨水想起老家的母亲，还有弟弟妹妹，立刻心血来潮，决定买个大房子，把一家人都接来，共同生活，这样自己也好给母亲尽孝。

"好呀好呀，都接来吧，都接来咱们家就更热闹了……"胡秋霞乐呵呵地说，她没有一般女人的小肚鸡肠，排斥婆家人，在她看来，既然是一家人，那就应该在一起，热热乎乎地过日子。夫妻俩商量已毕，买房子的事就定了下来。

很快，张恨水就在门框胡同看中了一所大房子。房子由大大小小七座院落相连，曲折迂回，二三十个房间。两人一同来看房子的时候，胡秋霞兴奋极了，抱着怀里的孩子不停地说："太好了，太好了，房子这么多，正好一人一个房间，你还能有一个书房。哦，对了，还要给你专门准备一间茶室，咱们也要像那些大官员人家一样，也有专门接待客人的地方……"

张恨水没有说话，只是笑呵呵地望着欣喜若狂的胡秋霞。跟着自己后，秋霞也没过好生活，现在好了，有了房子，她也可以缓口气了，很快，这家里就要再生下一个小宝宝，这生活就更幸福了。

看好了房子，张恨水就赶快定了下来，交付了房钱，就开始雇人打扫，装修、购买家具，并给老家写了一封信，让大弟帮助母亲收拾好家里，然后带着一家人过来北京团聚。在家人未到之前，张恨水想到文淑，就郑重地对胡秋霞说："这么多人，还有一个是你姐姐，你要对她尊重，别闹别扭让人家看笑话。"

其实，关于徐文淑，早先和丈夫说话时，就已经知晓，所以胡秋霞一点也不意外，反而乐呵呵地说："放心吧，我肯定会尊敬她的。姐姐这么多年，在家里替你照顾着婆母，就冲这一点，我也应该尊重人家呀！"

看到胡秋霞如此说，张恨水总算放下了心。胡秋霞虽是女人，但她的胸襟却像男人，这一点也让张恨水深深佩服。

不日，房子修缮完毕，因为母亲和弟妹尚未到来，张恨水就带着妻女先搬了进去。第二个院落中种满了丁香、山竹等，院落一年四季都是碧绿常青，十分养眼，而他又是一个爱花的，就和秋霞住在了这座院落里。

这天，胡秋霞上街买菜回来，还兴致勃勃地捎了一把冰糖葫芦，给女儿一支，又给张恨水一支，说："新鲜的，可好吃了，你也吃吧！"看着胡秋霞像一个大丫头一般，娇憨可爱，张恨水不由笑了，说："你吃吧，带着孩子一边玩去，我赶快去写字！"

"嗯，那你写字哦，我带孩子出去玩去……"胡秋霞答应着，赶快抱着大宝出了书房的门。她知道，张恨水只有写得多，才能挣得多，马上就要一大家子了，他更得多挣钱才行，要不，一家子怎么生活？弟妹怎么读书？而她呢，给丈夫的最大支持就是看好孩子，做好一日三餐，给他一个绝对舒适、清静的写作环境就行了。

一手抱着孩子，一手啃着冰糖葫芦，胡秋霞走到门口去风景，还不时地对怀里的大宝说："大宝，乖闺女。咱们家马上就热闹了，你奶奶，你姑姑，你叔叔，都要来，呀，好大一家人呀……"听了妈妈的话，大宝虽然不明白一大家子是什么意思，却也快活地咯咯笑起来。

母女俩嘻嘻笑着，忽然看见前面远远走过来一二十个人，只见他们有老有少，走在前面中间的是一花白头发的老妇人，搀着她的应该就是丈夫的弟弟吧？因为和丈夫长得太一样了，再看后面的男男女女，一个个拎着包袱，一副风尘仆仆的样子，他们一边走还一边看门牌号，当看到她和怀里的孩子时，他们脸上顿时露出笑来。只听一个女孩子的声音道："妈，这可不就是嫂子么，我看哥寄来的照片上嫂子就是这么漂亮的……"

这可不是婆母和弟妹们来了么！胡秋霞顿时兴奋起来，转过身就向家里跑去，给张恨水高声报信说："心远，快点，老家来人了，快点，咱妈来了……"

张恨水正写到热闹处，思绪一下就被胡秋霞给打断了，不过他也来不及不爽了，因为母亲和弟妹的到来，让他觉得是天大的喜事。刚一抬起头，就隔过窗户看到涌进院子里一群人，那可不是妈妈和弟妹们么！千盼万盼，亲人们终于团聚了，他激动得如飞般赶出书房，一把搀扶住了走在最前面的母亲，声音哽咽着叫道："妈，你们终于来了，咱们一家子可终于团聚了！"

"好！好！终于团圆了！"戴夫人紧紧抱着儿子，忍不住老泪纵横，儿子不容易呀，多年漂泊，现在终于有了个家，一家人终于团圆了！在儿子的搀扶下，她欣喜地这个房间看看，那个房间转转，心中充满了欣慰，儿子终于还是能干的，终于可以顶天立地了！

当张恨水带着一家人各个房间参观的时候，胡秋霞也满脸挂着兴奋的笑，抱着孩子跟在大家后面，热情地向大家介绍着各个房间、院落。这房子是丈夫用稿费买来的，她从心眼里佩服丈夫，觉得他是世上最能干的人！

终于，看完了所有的房间，张恨水搀着母亲来到大客厅，赶快叫过来秋霞："来，拜见母亲！"

"妈！"胡秋霞抱着孩子走过来，大大方方地对着老太太叫了一声妈，然后跪下磕了一个头。老太太满脸皱纹的脸庞，顿时笑成了一朵灿烂的花似的，她一把拉过站身旁的文淑，对胡秋霞道："来，也见见你姐姐，这些年多亏了她在家里照应着……"看到豪爽大方的秋霞，老太太还是满意的。但看着跟随而来的文淑，她还是忍不住内心叹了口气。唉，当年为了让儿子和儿媳妇圆房，她曾允诺他可以再娶一房，儿子还真不客气，真的又给她娶了一房儿媳妇，可是文淑呢，她能高兴么？

老太太有些为难，胡秋霞可没一点为难，她叫过了妈，又大大方方地叫了一声姐，还上前拉着文淑的手说："姐姐，这些年辛苦你了，以后就好了，来到这里，家务活我和你一起做，你也好歇息歇息了……"

"好妹妹……"徐文淑拉着胡秋霞的手，声音有些哽咽起来。丈夫不待见自己，她心里当然清楚，但她一个女人家，又能奈何丈夫呢。再说三妻四妾，也是男人们的本性，所以在刚来时，看到胡秋霞和她怀里的孩子，她心里还是酸酸的，但现在经胡秋霞这么一叫，她也顿时抛开了所有的不愉快，接受了眼前的这位妹妹，拉着她的手，也赶快叫了一声："妹妹好！"两个人笑眼相望，真像一对亲姐妹一般。

看到两个女人没有争风吃醋闹成一团，反而亲密无间，一家人顿时都松了口气，悬着的心也放了下来。

家里突然增加了这么多人，胡秋霞也不由自主地操了许多心，这天傍晚，她刚忙完回到屋中，就感觉不妙，肚子一阵比一阵疼，头上也直冒冷汗，凭感觉，她知道要生了，于是赶快叫喊正在写字的丈夫。听到喊声，张恨水早站起身来，赶快和二弟一起去接医生。没想到他前脚刚走，秋霞就支撑不住了，孩子很快落地了。大冷的天，看到突然出生的孩子，胡秋霞不知所措，蹲在地上不敢动弹。孩子躺在冰冷的地上，大概被冻坏了，不停地抽搐，却就是哭不出声。幸好听到叫喊声，文淑和其范早赶了过来，其范还是个大姑娘，看到地上一个血淋淋的小东西，吓得不知所措。文淑倒是大胆，早找出一把剪刀，赶紧上前一步，剪断了脐带，然后把婴儿紧紧揣在怀里，一边指点其范照顾着秋霞慢慢挪到床上等大夫到来。

这时，张恨水终于和医生急急赶来，他们刚进到屋里，文淑怀里的婴儿就啼哭出了声。看到张恨水和大夫进来，文淑早已经抱着孩子迎上前去，欣喜地对他说："是个男娃！"话音刚落，只听门外一阵杂乱的脚步声，原来是啸空听到消息，也带着妻子过来祝贺，还有其他的弟妹也都一窝蜂似的涌进来，不停地对嫂子和哥哥道喜。

"唉，看你带两个孩子也不容易，这个孩子就让我帮你带着吧……"也许是和孩子有缘，当人们都离开后，徐文淑仍抱着孩子守在秋霞的屋子里，她对这个刚出生的孩子无比喜爱，忍不住对胡秋霞说。胡秋霞疲惫地躺在床上，听到文淑这样说，顿时心花怒放，当即说："那真心感激姐姐了……"

一家人终于团圆，家里又喜添人口，算是双喜临门，但生活的负担也是实在的重，毕竟一二十口人要吃要喝，弟妹们还要上学，为了让家人生活得好，张恨水只能拼命地写作。为了多挣稿费养活家人，他同时接了好几家报社的约稿，为了能按时完成各报社的稿子，他每天早上天不亮就起床，胡乱洗把脸就坐在书桌前开始写，一直写到吃饭时间，才能趁着吃饭的时间起来活动下，吃完了饭，顶多就是在院子里的紫藤下散会儿步，就算休息过了，再继续坐在书桌前。而到了晚上，熬到午夜时分，更是家常便饭。因为要写太多的稿子，有时他实在没

張恨水：温润如玉一世情

有时间，就发动起弟妹来，自己写了初稿，修改后让他们抄写，这样总可以省出一点时间来。知道大哥辛苦养家，弟妹们都十分情愿干这活儿，有时大家一边抄还一边比，看谁今天为大哥抄得字更多一些。

好在辛勤的付出，回报也是丰盛的，在不长的时间内，他就写出了《美人恩》《北雁南飞》《金粉世家》等多部让人乐不释手的新作来。他的小说情节委婉，人物栩栩如生，场景描写近在眼前，读他的小说就如看现实世界，甚至满头白发的老太太，也对他的小说乐此不疲。就连著名的鲁迅先生的母亲，也是张恨水的小说迷，因为住在乡下，每每和鲁迅通信，都会交代他如果看到张恨水有新小说出版，一定帮自己寄到乡下。而鲁迅每次给母亲写信，都会带上一本张恨水新出的小说。

张恨水把所有的心思都用在了写小说上，所拿的稿酬在当时也是最高的，但他的生活却十分简朴，穿最平常的衣服，吃最普通的食物，从不花天酒地，也不奢侈，所有的钱除了供养大家庭，也供养着几个上学的弟妹。

他以一个长子的身份，一个丈夫的身份，努力用自己的辛勤付出维持着这个家，希望这个家能和睦相处，幸福长久。

希望总是美满，但现实生活却不会是一味甘甜，一个有着众多人口的大家庭，总会有这样那样的矛盾和不和谐。胡秋霞爱喝酒，从前没事，但现在人多了，就有事了。这天，她又喝了几两酒后，不免有些醉意，独自趴在床上睡了过去，两个孩子没人看管，在院子里哭得厉害。其伟年纪小，觉得这样子实在不像话，就走进房间责备她说："瞧你女人家成天喝什么酒呀，也不管孩子！也不做家务……"

胡秋霞喝了酒，肚里正被酒劲折腾得难受，听了其伟的话，也不顾头重脚轻，刷地从床上跳了起来，指着其伟就骂起来："你们都不是好东西，都要我丈夫养活，却还要来欺负我……"

其伟很生气，噙着泪就走，胡秋霞酒醉之中，反而追着过来骂，一直追到老夫人的房间里，一路上还砸碎了几个花盆，踢倒了老夫人休憩的棉椅子。戴夫人气得浑身乱颤，几个弟妹都赶快出来，劝的劝，拉的拉，想平息这场战火。秋霞哪里肯听人劝，又跳又叫的，一时站立不稳，一下滚倒在雪地上，就地打着滚，仍在叫骂着。

这时，从外面回来的张恨水听到吵闹声，赶快过来，看到这情景，真气得吐血，立刻让几个弟弟把胡秋霞拖到了屋里锁了起来，让她醒来再说。

一直到下午，胡秋霞才醒了过来，她从床上爬起来，不明白自己怎么会被反锁在屋里，于是拍着门叫："先生、婆婆、妹妹！你们在哪里呀？怎么把我锁在屋里呀！"她叫得又委屈又无辜，而在酒醉之中的事情，她竟然一点也不记得了。

张恨水虽然生气，却也拿她没办法，责备她说："你又喝酒，一喝就醉，搞得家里像战场，也把母亲气得不轻！想让我原谅你，你现在就去给母亲赔礼道歉！"

"好，我惹婆婆生气了，我就去道歉！"胡秋霞倒也没犯偏，很干脆地说，然后来到老夫人的院子，扑通一声跪下来说，"婆婆，我错了……你打我吧骂我吧……"

"唉，我打你骂你干啥，你以后能少喝点酒就好了！"戴夫人摇着头说。对这个儿媳妇，她也是又气又笑。不喝酒的时候，秋霞是通情达理，为人豁达，和一家人都相处得毫无间隙，只是好好的人一喝了酒，真就变了性情，不但把家里搞得像个战场，还惹得邻居笑话呢。

虽然事态平息了，被搅乱了思绪的张恨水却从心头升起一股从未有过的疲惫，他走到花园中，手抚着院中的冬青树连连叹息：人若像这些树该多好呀，没有烦恼，没有郁闷，一年四季，蔚然不动，任他春夏秋冬，管他寒冬酷暑，我自悠然生长，这是怎样的一种超然呀。

"我错了……"一个怯怯的声音在身后响起，张恨水回过头去，只见胡秋霞已经不知何时站在身后。她此刻已经深深后悔，赶来向自己的丈夫道歉。看到她低眉顺眼的样子，他也颇心疼，叹了口气劝她说："算了，事情已经过去了，以后长点心吧，一定要少喝酒呀，而且，再也不能乱骂人了！"

"嗯！我记下了！"看到丈夫原谅自己了，胡秋霞高兴得连连答应。两个人向房间走去，张恨水叹了口气，此刻他忽然明白，为什么自己总是感觉这么累，那是因为自己舍弃不下、抛舍不开，这个院子里的人，都是自己的至亲骨肉，自己是那么深爱他们，所以不管他们给自己怎样的委屈，自己都只有承受，这是爱，也是男人的担当。

梦里寻她千百度

1931 年的秋天，不管对于国家还是张恨水个人，都是一个值得纪念的日子。

这年 9 月 18 日，驻扎在中国东北的日本关东军在长期阴谋策划之下，炸毁了沈阳柳条湖附近的南满铁路，并嫁祸给中国军队，同时以此为借口，猛烈地向驻守在沈阳北大营的中国军队发起进攻，以迅雷不及掩耳之势攻占了北大营后，又迅速占领了沈阳城。日本以此开始了对中国的侵略。

消息传到北京，举国震惊。而与战火接踵而至的，却是一场席卷全国各地的大洪灾。这场举世罕见的大洪灾，从六月份开始一直到九月份，从未停息。洪水像一个发狂的疯魔，以江淮地区为中心，向四处蔓延。金沙江、沱江、岷江、涪江以及洞庭湖等水系均发生重大水灾，黄河下流地区的伊河、洛河也现百年未见的水势，东北的鸭绿江、松花江等全线水患加剧，灾情遍及湖南、安徽、河南、吉林等 16 个省份。

张恨水：温润如玉一世情

一时间，战争、灾难双双而至，无数人流离失所，数百万人失去家园。北京城的各大报纸，都在密切地关注着时局，每天都有新闻发生，通篇累牍的几乎全是有关战争和洪灾的消息。

在张恨水的书房里，张恨水双眉紧蹙，不时地叹息，他面前摆着几份报纸，每张报纸都整版刊发着战争的消息和灾情调查报告。消息称，日军在占领沈阳后，继续向东北的广大地区发动了进攻，短短数天内，东北已有多地沦陷，数百万东北父老成了亡国奴，悲惨地生活在铁蹄之下。而洪水灾情更是已经蔓延全国，受灾省份达 30 余省，受灾人数近百十余万。

张恨水重重地叹了口气，这些新闻让他又焦虑又痛心，他烦躁地推开报纸，又赶快伏案疾书。虽然身为一介书生，不能上战场拼杀，但国仇家恨、民不聊生的局面让他十分愤慨，两个月前，他已和远恒书社谈好，出版一本有关抗战的书集。

两个多月的辛苦耕耘，他终于整理完了自己创作的短篇小说，这些小说都是描写抗日的，他想以文字唤醒人们的爱国热情，积极地投身到抗日救国活动中来。下午的时候，张恨水将整理好的书稿送到远恒书社，刚回到家中，胡秋霞就迎上来说，刚才有人又送了一份请帖，已经放在他的书桌上了。

原来，看到时局动荡，民不聊生，北京教育界和新闻界联合策划了一场声势浩大的赈灾义演，号召市民踊跃募捐，以助国难。募捐义演地点设在春明女子中学，为了配合这次义演，他们还邀请了多位社会各界名人参加，作为知名作家，张恨水也被邀请参加这次义演。得知他从前在剧团呆过，主办方特地邀请他在《苏三起解》中扮演押差崇公道的角色。

　　从前在剧团呆过，再加上自己本身就喜欢戏剧，这样的任务对他来说根本不在话下。好在这出戏从前他也演过，台词都没有忘记，只需加强一下记忆就足以完成这次任务了。所以，接到请帖后，张恨水在写字之余，又赶快背诵了一下台词，以备这次赈灾演出圆满成功。

　　很快到了演出这天，张恨水对着镜子整理好衣衫，准备出门。望着镜子中的自己，张恨水不由暗自心惊，只见自己的鬓角，已经悄然出现了几根白发。"春来春去春复春，寒暑来频。月升月尽月还新，又被老催人！"年华太快，转眼自己竟然华发早生了！怕耽误演出，他也不敢嗟叹，赶快出了家门，急匆匆向春明女子中学走去。

　　他不知道，这一去，却由此开启了他人生的新篇章，让他在这萧瑟的寒意里品尝到了春的甜美，也让初冬的肃杀在瞬间都有了无限生机。

　　来到春明女子中学，只见校园里已经人山人海，社会各界人士多已聚集在校园内。校园的大操场上，早已搭起戏台，台上台下人群熙攘。张恨水是知名人士，他刚一到场，就被围了起来，有许多学生请他签名，也有许多熟人上来和他握手寒暄，一时忙得不亦乐乎。

　　"恨水兄，你可来了……"张友鸾也跑过来，和他一个紧紧的拥抱。张友鸾是代表报社来的，要为这次隆重的义演做一个专题报道。一边拥抱着好友，张恨水一眼看向戏台旁边的剧目榜，只见一张巨幅的大海报上写着宣传语：著名小说家张恨水将亲自登台表演……

张恨水：温润如玉一世情

张恨水不由微笑起来。海报上，除了登着他的一张照片外，还有一张身穿红衣的苏三的剧照。只见苏三唇红齿白，美丽清婉，正瞪着两只水汪汪的大眼睛望着他。张恨水不由心里微微一动，这个苏三可真漂亮！因为马上就要开演了，张恨水赶快告别张友鸾，来到后台，准备化妆登台。坐在凳子上正对着镜子描彩，忽然见对面一个年轻的姑娘在对着他笑。张恨水抬起头来，只见对面的姑娘十分年轻，眉眼如画，委婉含情。她身穿一件粉色旗袍，浑身透出一股精灵气，正微笑着望他，她已经化好了妆，似乎在等着上场。

看到张恨水在注视自己，那位年轻女子笑着站了起来，对他招呼道："张老师好……"女子一开口，便露出一口纯正的京腔，只听她口音清晰，清脆悦耳，就如一串铃声响在风声里，真是动听。声音和面容都有些熟悉，却一时想不起在哪里见过。仓促间，他只得匆忙招呼道："你好，你好……"

因不知道女子的姓名，张恨水也只有这么招呼一声。他话音刚落，女子扑哧一声笑了起来，轻轻地说："张老师不认得我了……"听着这话，张恨水蓦然想起，怪不得这女孩子这样熟悉呢，原来自己和她是见过一面的。他不由得记起，好像是上个月，那天他正在报社编报，忽然听到有人找他，他出来一看，只见报社的大门口站着一个穿红衣的女孩，那时正是初秋，女孩穿一身学生服，个子不高，亭亭站在风中。看到他出来了，女孩子迎了上来，浅笑着说："张老师好，请张先生指点……"说着，便把手中的一沓稿纸递到他手上，并莞尔一笑。张恨水打开稿纸，原来是几篇小散文和诗作，但当他再次抬起头要和姑娘说话时，却发现姑娘早害羞地跑掉了。

那些文章，张恨水倒是很认真地看了看，构思尚可，就是文笔稚嫩，缺乏雕琢，如果坚持下去，倒真会写出好文章呢。他记得这个女孩交给他的文章后落款是周淑云，想来应该是她的名字了。当时对这女孩挺有好感的，没想到会在这里再次遇见她。

正要再说话，只听前台锣鼓声响，知道自己得上场了，只得对女孩点了点头说："好，真好，又见到你了，我得上场了，待会咱们再见……"说完，匆匆上台而去。

张恨水踩着鼓点上得台来，只见台下万头攒动，赶快敛神专注演出，念台词道："在下崇公道，在洪洞县当差，因我上了几岁年纪，为人又老诚，所以大老爷命我代管女监，这且不言，按院大人在省中下马，太爷命我将苏三解往到太原复审，天也不早了，上路，上路呐……"

张恨水是尽心在演，只见他道词清晰，身子摇摇晃晃，把一个老态龙钟的押差装扮得极为形象。他的道白刚完，就听后台一声嘹亮而悠长的道白："苦呀……"声音犹如裂锦撕帛，高入云端，却又温柔如虹，直穿人之心脾，人还未出场，顿时就赢得了台下满堂喝彩声，人们拼命鼓掌，大声叫着"好！好"！

张恨水也大吃一惊，他隐隐听说和自己对台的是一个春明女子学校的学生，但这唱腔，这气势，完全就像一个名角儿呀！

正在惊疑，只见红光闪处，一个袅袅婷婷的身影步上台来，只见她身形柔软，犹如穿梭云间的灵巧燕子，转眼莲步就踩到他跟前。再看她脸若满月，眼若秋波，随着身子的扭转，一抹眼神台下一扫，顿时再次引得台下观众如雷的叫好声。而张恨水更为意外，甚至万分吃惊的是，因为刚才一对目，他便认出，这不正是刚才在后台和自己打招呼的周淑云么?!

天哪，原来她竟然是和自己同台表演的"苏三"！他这边还在迟疑，她那里已经轻启朱唇，悠扬唱道：

> 忽听得唤苏三
>
> 我的魂飞魄散
>
> 吓得我战战兢兢不向前
>
> 无奈只得来把礼见
>
> 崇老伯唤我所为哪般……

唱着，盈盈身姿轻拜下来。接下来的戏是该崇公道道白说："苏三，你大喜哪!"但张恨水却失误了，他没想到周淑云竟然有如此一副好嗓子。张恨水是一个戏迷，也算是一个票友，对京剧各个流派均有研究。眼前的这位女生，嗓音甜润如酥，身段袅袅婷婷，从唱腔到走步，举手投足间，大气圆润，一点也不比那些蜚声舞台的大家弱半分，沉浸在她甜润的嗓音中，竟然听得他如失了魂魄一般，以至于该自己的道白了，却忘了下面的动作，仍呆呆地盯着眼前这位女生发愣。

周淑云扮演的苏三已经拜下去了，却不听崇公道念台词，周淑云有点奇怪，悄悄抬头一看，天哪，只见扮演崇公道的张恨水先生正愣愣地望着自己，心思恐怕早溜到九霄云外去了。周淑云强忍着笑，赶快悄悄提醒他道："张老师念词呀……"

张恨水顿时清醒过来，不由得满面通红，幸好是化了妆的，看不出他的脸红。他赶快念道白："罢了罢了，苏三哪，你大喜呀!"张恨水真是从没有遇到过这样的尴尬,而在慌忙间,语音又走调,搞得台下顿时哄笑起来。

刚上场就被观众给奚落了,张恨水不由得赶快敛神认真唱戏。

但让他尴尬的是,自己今天真是见鬼了,根本就收不住神,也怪周淑云的唱腔太动听了,她的声音就像长了钩子似的,让他身不由己地跟着她的戏文往下走,而竟然常常忘了自己的台词。当她唱到"人言洛阳花似锦,偏奴行来不是春……"时,台下顿时又响起阵阵如雷的掌声。张恨水不由自主地沉醉于她的唱腔中,看着眼前的玉堂春,委婉多情,娇憨可爱,不由又想起家里的秋霞,身世让人怜,让人惜呀。他只顾叹息,却又忘了自己的台词,台下顿时喝起倒彩,甚至有人叫起来:"下去吧!让她一个人唱!"

张恨水不由得万分尴尬,但也深深佩服眼前的小女生,她唱得太好了,她的举手投足间,哪怕一个娇嗔的动作,哪怕一个单字的道白,都能博得台下阵阵的掌声,而自从她登上台来起,台下掌声几乎就没有断过。

因为太忘神,张恨水又一次出错了。当玉春堂一番冤枉诉白,又气又恨地念到"九也恨来十也恨,洪洞县内是无好人时……"张恨水竟然鬼使神差地接了句:"真是没好人!"台下顿时笑翻了,人们拼命地鼓掌,一边鼓掌还一边吹口哨,还有人怪模怪样地大声念到:"洪洞县里怎么没有好人了……"

张恨水羞得真想找个地缝钻进去,身为才子,他第一次经历如此仓皇的局面,局促和不安中,额上竟然滚落下滴滴汗水,把脸上的油采冲得五彩缤纷起来,样子更是滑稽可笑,人们笑得也更加疯狂了。

这一场他自认为拿手的戏，成为了他有史以来演得最砸的一次戏，他自己也不知道中间错了几回，好不容易挨到戏文结束，张恨水感觉就像走过了几个世纪一般，赶快向后台奔去。

张恨水抹着汗来到后台，只见周淑云也走了过来，她戏衣未脱，脸上挂着浅浅的笑，走到他跟前微微一拜说："张老师，我十分喜欢读你的小说，今天难得遇到张老师，我想求一本你的新书，可以么……"

"当然可以，当然可以……"张恨水迭声地答应说。看到他窘迫的样子，周淑云不由又轻轻笑了起来。两人正要再说，只见从外面涌进来几个男女学生，一下围住了周淑云，叽叽喳喳地说道："周淑云，你唱得太好了！走，大家要为你庆贺去……"不由分说，拉着周淑云就向外面走去。望着众人远去的背景，张恨水心头蓦然涌起一股说不出的感觉来。

> 众里寻她千百度，蓦然回首，那人却在灯火阑珊处。

回家的路上，张恨水嚼着前人的句子，心头更是涌上千万种滋味。周淑云那俏丽的身影，不停地在眼前闪现，虽然相见短暂，但她的一颦一笑，却像刀子深刻在他的心头一般，再也抹不去。

忽然，一阵大雁的啼叫从头顶传来，他抬起头，竟然看到一对比翼双飞的雁，从头顶翩翩而过。痴痴地望着远飞的大雁，张恨水的心中更加惆怅起来。他又想起了文淑和秋霞。她们俩，都是好的，但却少了一股人间灵秀，少了一抹让他心动的韵味。

他又想起少年时，那时的自己，多么渴望一个美丽聪慧的女子和自己双宿双飞，琴瑟和鸣。但世间事常不随人愿，自己娶了两房妻子，但却都不能如愿，从少年起就一直追求的美丽爱情，却总是与自己无缘。

在红尘，自己是疲惫的，一大家子的人，需要自己来养活，每天除了写稿还是写稿，但自己也是一个有情有义有血人肉的男人呀。疲惫的时候，多么想有一双温柔的小手轻轻抚慰自己的心灵，浅吟低唱，和自己谈书、谈诗。红袖添香夜读书，这该是多美的境界，但自己从来没有过。文淑和秋霞是不错的，但她们却走不进自己的内心，他要的书香她们没有，他要的灵魂深处的交融，她们更不能够给他。心似双丝网，中有千千结，他的无数个心结，却是无人能解得开，无人能读得明呀！

张恨水不由得深深叹息了一声，感觉到一种从未有过的惆怅在心底漫延。

张恨水是一个温情男人，纵然心中积有再多的愁闷，他也从不对家人发火，他总是默默地承受，然后自己的消遣方式就是去看看院里的花，或者到外面去散散步，再不然就是和老友们聚上一聚，一壶清茶，也就遣散了胸中的郁积。但这一次，他却再也不能轻易排散心中的郁积了。

彩袖飘飘为君舞

> 有美人兮，见之不忘，一日不见兮，思之如狂……
>
> 野有蔓草，零露溥兮，有美一人，清扬婉兮；邂逅相遇，适我愿兮……

夜已深，月正明，而在张恨水的书房，依旧灯火通明，只是此时的张恨水，没有像往常一样，伏在案上奋笔疾书，而是痴痴地望着窗外的明月，轻轻吟诵着诗经的名句，眼角有着淡淡的泪痕。

这位蜚声四海的才情作家，在他人生的第三十六个春秋里，品尝着刻骨铭心的思念带来的寂寥和痛苦。

自从那天从春明女子中学回来，张恨水的心就彻底乱了，如一汪平静的湖水突然间泛起了阵阵涟漪，而在一圈圈散开的涟漪里，晃动的全是那位青春美丽的影子。

周淑云。真如惊鸿，搅得他的心情再也不能平静下来。虽

然只是匆匆一面，虽然只是寥寥数语，但丽人的倩影，却已深深镌刻在他脑子里，挥之不去，萦绕心扉。而心中，自从那日别后，更是像有千万只小虫子在心房撕咬，让他微微的疼，深深的甜。

清扬的眉，微笑的眼，轻启的唇，珠贝的齿，行动时如弱柳扶风，浅笑处似春风轻漾……张恨水的脑子里，翻来覆去回想着周淑云的丽影，卿如此美丽，如此美妙，教他如何不动心，又让他如何不相思！

他搜刮着脑海中描写漂亮女子的词句，但却又觉得词穷，她的清丽和委婉，就是用尽天下的美句，也形容不出她半分呵！周淑云三个平常的汉字，此刻就像三支锋利无比的锥子，深深锲进了他的心扉，再也拔不出来。

天不老，情难绝！张恨水毫不怀疑，自己是爱了，是相思了，回想着她的模样，他不能不叹息，这样的清扬委婉，这样的丽如仙子，不正是自己苦苦寻觅了多年的爱人么！

可是……

转眼看看自己的现状，看看自己的家庭，还有自己的年纪，他又黯然了，爱情来得如此不是时候，自己多年渴望的轻灵女子终于肯出现时，自己却已经不是个自由人，有家，有孩子……一想到自己的情景，张恨水就不由得一阵心疼，就如眼睁睁看着一朵娇艳的鲜花在自己脸前绽放，芳香满地，他却不能上前抚摸、亲吻，把这缕芳香拥在怀里。迟在咫尺，却不能拥有，心中除了痛还是痛。

　　人已到中年，他是理智的，他知道自己不该去招惹这位女孩。她太年轻，就如一朵还带着露水的花蕾，还未怒放，而他已经是绿树成荫籽成群了。他怎么能配得上她，他又怎么能对她说"爱"。

　　辗转反复辗转，叹息复又叹息，几番思索后，张恨水决定压下自己的感情，将这记忆化做一缕春风让它飘远。

　　为了压下这段相思，他给自己规定了更多的写字任务，每天要比从前多完成二到三千的字。从前一天写五千的话，现在至少要写七千。因为在写时还要构思，所以他的时间就特别紧，早上一睁开眼睛，就开始构思今天要写的，然后起床就赶快坐在书桌前……他想用繁忙的工作来斩断刚刚萌生的爱情幼芽。但他马上就发现，这一招根本不管用，他写着写着，脑子里就会涌出她清丽的唱腔，脸前就会突然出现她笑吟吟的俏脸，而下笔处竟然写的是"周淑云"三个字。

　　"向人纤斗小腰枝，杨枝瘦弱任风吹……"不由自主地，回想着她那天的娇怜模样，竟然不由自主地写下了对她的印象。张恨水拍了拍额头，从桌前站了起来，毫无办法忘却，他只能向自己投降，这样一个女子，如何能让人忘却？

　　几天的工夫，他竟然消瘦了一圈，弟妹们都吃惊他的变化，不知道他有什么心事。秋霞也看到他的异样了，她不会说太温柔的话，大大咧咧地劝他说："是不是累的呀，要不就不要写了，休息几天吧，或者，你到医院里去看看医生吧。"

　　张恨水苦笑了一下，心中千万言，如何向人说呀。

"本想不相思，却怕相思苦，几番细思量，宁可相思苦。"终于，经过了数天的相思难耐后，张恨水终于下了决心：既然舍不下，割不开，那就别折磨自己了，勇敢向她表白吧！

他记得那天周淑云说，希望得到他的一本书，于是，他找出自己刚出版的《啼笑因缘》，还有从前她交给自己的稿子，一并包装好，又铺开宣纸，写了一封委婉的信。在信中，他赞美她艳若桃李，美如惊鸿，很诚恳地约她说，因为得知她也是喜欢文字之人，自己很希望交上她这个朋友，如果她对自己不反感，就请于某日在北海公园相见，自己是很希望和一个喜欢文字的人畅谈的。然后连同书、稿子一并寄了出去。

信寄出去了，张恨水的心也开始惴惴不安，既害怕自己写这样的信被周淑云笑话，又担心邮差出了问题，送不到信件，又想着自己是不是不该写这样的信？在坐卧不安中，他终于等到了约会的日子。这天下午，他完成了当天的写作任务后，就穿上新作的长衫，围上围巾，走出了家门。一路上，张恨水的心都在猜测，周淑云并没有给自己回信，她到底有没有收到自己的信呢？她会按时赴约么？见了面，第一句话她会说什么呢？自己第一句话又要对她说什么呢……

他就像一个初恋的男子，怀着满心的忐忑来到北海公园。

深秋的风，已经吹黄了树上的叶，刮在脸上也有些浅浅的疼，也让北海公园显现了一种萧瑟的美。公园里游人如织，张恨水踩着枯黄的落叶，来到北海公园的北海湖，但见湖中波光潋滟，分外清明。当他的眼光掠过湖面时，他不由得一怔，整个人如遭雷击了一般，只见在湖边上，一个清丽的身影背向湖水，正对着他盈盈而笑。

所有的担心和疑惑霎时间都烟消云散了，张恨水的心情顿时穿越到了春天，她来，就说明了一切，她笑，就说明她没有拒绝自己。三步并两步走，张恨水飞快地走了过去，向迎着他走来的周淑云伸开了双手。

"张先生……"周淑云如一只灵巧的小鹿般，一下跳到了他跟前，一双小手也紧紧握在他的手心。但这一刻，张恨水却有些词穷起来，呵呵笑了两声，一时间竟然不知该说什么。

"张先生好。"看到他的窘态，周淑云显得更大方了，微微一笑说。

"好，谢谢。我，我给你的书收到了么……"局促之中，张恨水终于让自己镇定了下来，仓皇地问了一句。周淑云忍不住扑哧一声轻笑起来，娇羞地说："呵呵，怎么会没收到呢，没收到我怎么能来这里见先生呢。"

是呀，如果没有接到他的信，她哪里能来这里和他相见呢，自己说的真真是一句白痴一般的话呀。张恨水自己也不由得笑起来。彼此一笑，气氛顿时轻松起来，张恨水也恢复了优雅和淡然，微笑着望着周淑云说："书收到了，我就放心了，要不，咱们去喝茶？坐下谈谈，我也有好多问题要请教呢。"

周淑云爱笑，但却非常有主见，转眼望着幽幽碧波说："坐着不如动着呵，我喜欢水，咱们划船吧，现在正是好景色呢。"

荡舟湖中，欣赏秋波万顷，黄叶漫飞，又有美人相伴，何尝不是人生一大快事？所以听了周淑云的建议，张恨水爽快地答应了下来。两人租了条小船，相对而坐，慢慢划着小船进入湖心。

一汪秋水，万种情意，凝望着眼前的伊人，张恨水几番思量，心中想说的话儿太多了，他一时竟不知该先说什么好。周淑云却比他大方多了，她调皮地一笑说："在来的路上，刚看到老师新出的书，我赶快买了一本呢……"说着，从包里掏出她新买的书，让张恨水看。张恨水一看，正是他新出的《弯弓集》。不由一笑说："这是书生意气了，我也是一肚子感慨，不知如何诉说，就只好都收进书里了。""从前，我只知先生会写小说，小说写得让人如痴如醉，今天翻看了这本书，才明白原来先生也是剑胆琴心，也是一爱国志士呢！"周淑云夸奖他说。

这让张恨水有些不好意思起来，说："国家兴亡，匹夫有责，我虽然只是一介书生，也不想当亡国奴呀！"

"先生的书，我今天才发现，不管短篇还是长篇，都写得这样精彩。每每读先生的书，就好像和我周围的人在说话一般，先生书中的人物，都让我觉得熟悉，就好像是描写我身边的人和事一般。先生的书，把人写得活灵活现，不但我喜欢，我的同学们都喜欢呢。每每先生的书一印出来，我们同学都争相去买呢，但现在，我是幸运的，因为我还有先生亲自题名的书呀……"

"你能喜欢，我实在太高兴了，可是，你也不能光说喜欢，你要提起意见，我下次写的时候，也好改正呀。"张恨水谦虚地说。

周淑云望着他调皮地一笑说："亏你还是个老师呢，让我提意见，我要有意见，我也能写出这么好的小说了！告诉你吧，先生的书，在我们看来，写得都是好的，我就奇怪，先生是一个大男人，如何把书写得这样细，这样精呢，每一笔都细微地写到了人心里，让人不喜欢都不行……"

"你不能光夸我，我要想写出更多更好更让人耐读的故事，就得不停地听大家的意见，'三人行必有我师焉'，每个人都会有我看不到的观点，所以你一定要说……"这让张恨水又高兴又感动，想想自己每写出来的故事，都被她捧在手中细读，这该是怎样的一种幸福呢。

一下午的时光，不知不觉就过去了，不得不说，两个人的相见是愉快的，两人不但谈书，周淑云更像是找到了自己的知己一般，告诉了他自己的家世、自己的生活、自己的喜好。而在周淑云的述说中，张恨水才得知，眼前这个柔弱的少女，命运也十分坎坷呢。

周淑云的父亲早去世，留下母亲艰辛地抚养着她和小弟，生活十分艰辛。母亲所有的希望都在她身上，希望她将来嫁个好人家，过上幸福的生活，所以家里再艰难，母亲总是支持她上学。她呢，学习成绩倒是一般，但她喜欢唱歌，更喜欢看书，对将来，自己也没有母亲期望得那样高，自己只是想，如果能找到一位爱自己、自己爱的人生活一辈子，也就心满意足了。

张恨水静静听着周淑云的讲述，心中除了对她的喜爱，更对她多了份怜惜。因为他也是少年丧父的人，知道一个家里没有父亲的支撑，寡母弱女幼弟，是怎样的一种艰辛和无奈。心中怜惜，嘴上不由自主地说道："苦了你了，放心吧，以后有什么困难，告诉我，我一定会替你分忧的。"他只是一时心意，就随口说了，但这淡淡的一句话，却让缺少人间关爱的周淑云十分温暖，不由心中霎时充满了感动。

分手的时候，张恨水坚持要送周淑云回家，周淑云也不十分拒绝，而是甜甜一笑，算是应允了。暮色中，两人并肩走在北京的街道上，张恨水感觉自己仿佛回到了年轻时代，心里荡漾着说不出的情感，又轻松，又有几份喜悦。当他们走到一个糕店时，张恨水拉着周淑云走了进去，拣精致的蛋糕买了几包。周淑云赶快说："不用麻烦张先生的，我不饿……"让人家陪着聊了一下午，再让人家买东西，周淑云觉得的确不好意思。

"你家里还有妈妈和弟弟呢，你带回去，他们也高兴些。"张恨水对她说。这让周淑云又不由得感慨：张先生是一个大家了，但他却如此细心，倒像是自己的贴身哥哥一般，能想到人的心窝里去呀！

北海公园见过面后，张恨水的心更不能平静了，如果从前仅是喜欢周淑云的轻巧柔美的话，北海一见，却让他对她有了另一种和从前截然不同的感觉。她善良、温柔，更更重要的，她欣赏他、懂得他，她的话可抚贴至他的内心，让他在疲惫的红尘，感觉到一种从未有过的暖意。

从北海公园回来，他想她更多，但心情却比早几天宁静多了，每每想到她的时候，他莫名其妙地感觉到一种安慰，就好像哪怕她不说话，只是微微注视着他，他也觉得是一种难得的幸福了。

他相信，这就是爱情，是自己梦寐以求的爱情。

几番拿起笔，他想再给她写信，诉说自己夜夜的相思，诉说自己对她的从此不能相忘。但每每拿起笔，又放下，虽然知道自己已经深深爱上了对方，但年龄的相殊，让他无法开口。像是知道他的心，当他焦虑万分却又万分无助时，周淑云给他来信了。从邮差手里接过信，他飞快地赶回书房，把自己关在房间里，捧着信，内心是无比虔诚的。心有灵犀一点通，他感觉，周淑云的信上写的，一定如他所想，是爱的倾诉，是对他相思的诉说。果然，周淑云在信中说，那天匆忙一别，但他却再也不能从她心上抹开，师如兄长，让人倍感温暖，天气渐寒，特地为老师编织一条围巾。另，如果闲来无事，可再聚万寿山……

就如拿到了冲锋号，张恨水没有丝毫犹豫，即刻赴约。

再次相见，人还是旧时人，但彼此的心中却都洋溢着别样的情怀。看到他来，周淑云浅浅一笑，将手中的围巾轻轻系在张恨水的脖子上，又用小手抚平了，笑吟吟地问他："温暖么?"张恨水一把握住了她的双手，凝视着她的眼睛说："暖，暖在心里。"

人世间最美的时刻，莫过于此。爱情是男女间最美好的东西，而此刻的表白，应该就是红尘间最美丽最动听的声音了。望着张恨水，周淑云终于说："我想了好多天，我不能再欺骗自己，我想，我应该是找到了我自己的爱。张先生，我想和你在一起，一生一世!"

紧紧握着周淑云的手，张恨水的眼角湿润了，梦里寻她千百遍，走了多少年，才终于遇到了自己心仪的人，这份爱，让他欣喜让他发狂，却也让他格外忧伤。凝望着周淑云美丽的脸庞，那么真诚，就如她的心，纯净，洁白，如飘在尘世的洁白雪粒，一尘不染。

他轻轻为她拂了拂额前的长发，叹息了一声，对她说："你的心思也是我的想，我多想和你长相守，可是，你这么美，美如天使，这么善良，干净。你知道么，我已经有妻有子，并且，还是两房妻子……"

张恨水艰难地开口，两次婚姻，对于一个渴望爱情的女人来说，不吝于晴天霹雳，有哪个女人肯做三房？肯和别的女人共同分享一个丈夫？如果有权有势，或许对于女人来说还有些诱惑，而自己不过是一个卖文为生的书生。但这些情况，他不能不说，他不想欺骗。她或许不知道自己的情况，所以对自己心有幻想，但自己得说清楚，不能欺骗她一点。张恨水做好了迎接周淑云拒绝的准备。

但出乎他的意料，周淑云听他讲完，竟然淡淡一笑，对他说："你说的，我都知道，我不在乎你有几次婚姻，我要的就是和你在一起！"还有什么比这样的表白更让人动情，比这更让人感动。

"可是……"张恨水再度艰难地开口，他想起从前的吴丽娜，当时，她也不在乎自己的婚姻，但有一个条件，就是要自己离婚。如果周淑云也是这样想的话，他觉得应该让她明白，虽然两次婚姻，都不是自己理想的婚姻，但是自己是不会离婚的，因为他不想因为自己有了新的爱情就抛弃从前的两位夫人。虽然她们不合他的心意，但她们也是善良的，他不能再加重对她们的伤害。

周淑云望着张恨水，像在研究他一般，这让张恨水更加心慌意乱，喃喃地说："对不起，我应该早让你知道真相的，我不能离婚，不是我不想，是我不能，我不能扔下她们两人，要不，她们如何生存下去，都是难事……"

周淑云浅浅地笑了，她再次握紧了他的手，凝视着他的眼睛说："放心，我不要你离婚！我只要你爱我，就如我爱你一样！"她知道他有两位夫人，但她却不知道张恨水会对婚姻这样的态度。他不离婚，不是因为不爱自己，而是不想让那两位姐姐因为自己而遭受更多的苦难。是呀，同为女人，她蔫能不理解，一个女人生活实在太痛苦了，自己从小没有父亲，母亲带着自己和弟弟，那一种艰辛，每想起来都是心酸。而张恨水一旦离婚，那两位姐姐肯定也会如妈妈一样，每天为生活焦虑，为生存发愁……虽然张恨水不爱她们了，但他却舍不得抛弃她们，这样的男人，才是真君子。

将一生托付给这样的男人，得到的是一生的安稳和依托呀。所以，她坚定地对他说："放心吧，我不在乎名分，我只要一份爱情！我只要跟先生在一起！"张恨水紧紧拥抱着自己心爱的女人，轻轻在她额上吻了下去，是他人生三十七年，第一次亲吻自己的爱情。

"我要把我的所有一切都奉献给你，我的歌要唱给你听，我的舞要跳给你看，张，我是你的心！"依偎在张恨水的怀里，周淑云幸福地呢喃着。"谢谢你，妹妹，我会牵着你的手，一直到老，都不会丢，我们就这样走，就这样在红尘走……"轻轻地亲吻着周淑云，张恨水也忘情地说。

"好的，你就是我的哥！我一生的依靠！"回应他的，是周淑云更炽热的吻和拥抱。

　　人世间最纯美的爱情，张恨水在渴盼了三十七年后，终于完美地得到，抱着周淑云，他疯狂地转啊转，真不知该用什么来表达自己狂喜的心情。此刻，他才真正感到人生的快乐。他就如饮到了世间最美的琼浆，亲吻着美丽的少女，亲吻着他完美的爱情。

执子之手共偕老

一直飘浮的心，终于落在了坚实的大地上，张恨水心中欣喜，寻觅了将近半生，终于遇到了自己梦寐以求的爱情，本以为从此就可以和心爱的人比翼双飞，但却没料到，爱情之外的阻力也在瞬间蜂拥而至。

"什么?！你还要再娶⋯⋯"大厅上，望着立在堂前的儿子，戴夫人叫起来。今天一早，长子就来到她的房间，说要和她商量一件重要的事情。她还以为是两个已经出嫁的女儿的事，或者是孩子们的其他事，但没想到恨水对她说，他爱上了一个女子，这个女子也爱上了他，他想娶她回家。

戴老夫人不是一个守旧的人，但她却在瞬间被儿子击晕了，她觉得儿子简直是开玩笑！且不说儿子已经有了两房媳妇，就从两人的年纪，她觉得也不合时宜。儿子已经三十多了，但刚才儿子告诉她，他喜爱的这个女孩才十七岁，而且人家还正在读中学，年岁上差这么多，娶这么一个小女孩进门来，能过安生日子?! 回过头再说前两房儿媳，哪一个儿媳也没有犯七出之条，这重婚再娶，说得过去么?! 这让她当妈的如何去对两个儿媳妇解释?!

在戴老夫人心中，两口子过日子，只要一个妇人品性好，就足够了。做儿媳的，只要会做饭，懂得孝敬公婆，尊敬家人，这就是好媳妇的标准了。而儿子的前两房媳妇，可以说都不错。文淑虽然不大识字，但多贤惠呀；胡秋霞也不是太通文墨，但也算知书识礼，对待家人一副真心，还生养了三个孩子呢。这多好的日子呀，一家人热热乎乎，儿子这会子是犯的什么糊涂，竟然还要再娶，他还嫌自己身上的担子轻呀?!

所以，戴老夫人明确地对儿子说，她不赞成这件事。张恨水是个孝子，母亲不答应，他是不会背着母亲去娶亲的，但他也不想负了周淑云，所以，他立刻给母亲跪下了，哽咽着请求母亲完成自己的心愿，周淑云是自己这么多年来第一次遇到的真心相爱的女人，而且，她对自己理解、相惜、体贴，都让自己不愿再错过……

看着跪在眼前的儿子，戴夫人心软了。这些年来，儿子的辛苦，儿子的艰难，她都看在眼里，也疼在心上。儿子以一介柔弱的书生，肩挑一家人的重担，但他内心也许并没有快乐过。她也知道，儿子对两房儿媳，心里并不十分满意，可她当娘的，也不能明着说让儿子不满意就不停地娶呀。现在看到儿子为了这个女人向自己下跪，她就知道自己是挽不回儿子的心了！

戴夫人深深地叹了口气，情知拗不过儿子的请求，只得同意了儿子，但也不无担忧地对他说："我同意不等于大家也同意，文淑好说话，秋霞是直性子，大炮筒，你要安抚好。"老太太担心，自己心疼儿子，可以满足他的心愿，但恐怕两房儿媳的关卡，儿子不会那么容易就过去吧。

事情果然如戴夫人所料，张恨水还未离开母亲的房间，他向母亲哀求要娶三房的事情便被两位太太知道了。"我死也不同意！我死也不同意！"胡秋霞在自己的房间里大跳着说，说不出多少道理的她，只觉得丈夫这样做肯定不行，是一万个不行！自己哪点对不住丈夫了？他竟然还要再娶?! 在胡秋霞的心里，丈夫再娶，就表示不要自己了，不要自己和孩子了，三个子女呀？他恨水说扔就扔了？想想自己这么些年，一心为着他，家里一切是他说了算，他说什么就是什么，这样竟然还拢不住他的心呀？

气得发疯的她首先想到自己的同盟军，于是立刻来找徐文淑商量对策。徐文淑也得到消息了，只是，她的反应远没有胡秋霞这般强烈。在她看来，女人三从四德，丈夫就是女人的天，他想做什么，女人只有从，不从，就是失德。所以在得知丈夫要再娶三房时，她很平静地接受这个现实，不愠不恼，就像这件事情不关自己一样。

"姐姐，张恨水又要娶老婆了！我们得想个法子！不能让他再娶……"胡秋霞一边说着，一边飞一般跨进徐文淑的房间，她是个直来直去的女人，从不拐弯抹角，所以进得门来，还没站定就急切地对徐文淑说："他太过分了，娶了两房了，还要娶！姐姐你要想明白呀，他再娶个女人，还有我们的好日子过么，还有我们的孩子，这日子怎么过呀……"

平时，胡秋霞和徐文淑团结得就像一对亲姐妹，平时家里有什么事，都是两人商量着办，多年来两人甚至都没有红过脸。这一次，胡秋霞认定，姐姐一定会和自己站在一起，共同抵抗丈夫的不忠。

但徐文淑却像没事人一样，她站起身给胡秋霞倒了杯水，让她消消火，然后不紧不慢地说："妹子呀，我看这事老夫人都同意了，咱们也不要不乐意了，他的脾气，你还不了解么？他要想干什么？谁能劝得住？我看咱们还是准备给他办喜事吧……"

徐文淑当然不能忘记，自己在新婚时，丈夫是如何对待自己的，他不情愿，他有的是方法对抗。当年，他还只是一个一文不名的乡下人，就能那样子傲气，现在他成了全国的大名人，他肯定会有更多的办法来实现他想干的事。而且，凭他的社会地位，他要娶亲，哪个能拦得住他呢？而且，他这么有名气，如果闹得太不像话，那岂不是这个家族都要让人家说三道四？徐文淑虽然不言不语，但却很有想法，所以也想让胡秋霞明白，这事不是她们能左右的，最好能低眉顺眼地顺从，大家都省些事。

"你说的不行！"徐文淑的话还没说完，胡秋霞就吵起来了，她愣愣地望着这个和自己亲如姐妹的大房，看到她反过来劝说自己接受现实，心里顿时明白，指望她和自己一起抗争，这简直是做白日梦了！

"他想好的事，九头牛也拉不回来，咱们俩挡不住的，所以还是别闹吧，要不，咱们这一大家子，会让人家指三道四的，这对先生也不好呀……"徐文淑说。

"不行！一万个不行！你不和我一起，我反正是死也不同意……"失去了同盟军，胡秋霞气得哭了起来，愤愤地回到自己的房间。回到房里，看着三个年幼的孩子，想到马上就要失去丈夫了，想到自己现在形单势孤，不由得绝望地搂着三个孩子哭起来。

"秋霞，你不要闹了好不，我就是再娶了淑云，也不会扔下你们不管的，咱们大家还是住在一个院子里，还要和睦地生活，你只不过是多了一个妹妹，难道不好么……"张恨水走进房来，从胡秋霞怀里接过女儿，劝胡秋霞说。

"呸！我不同意，我死也不同意……"一向对张恨水言听计从的胡秋霞对他骂起来，她不明白自己做错了什么，丈夫却要再娶，自己哪点做错了呀！

"你没有错，可是……"张恨水张开嘴，却不知如何向她解释，因为她不了解他内心，她根本不明白，夫妻不光是有了米面就行的！劝了半天，不仅没劝下胡秋霞，反而让她更加痛哭流涕起来，张恨水只得站了起来，对她说："这事已经定下来，你再想想的，就是再娶个妹妹，我还是会像从前一样待你的……"

"滚……"胡秋霞像是发疯了，大声怒骂着。张恨水顿了下脚，转身出了屋子。

张恨水刚离开房间，只见屋外忽地涌进一群人，只见戴老夫人为首，有二弟媳妇，还有已经出嫁的大妹，还有几个弟弟。原来，都知道秋霞不好说话，所以戴夫人带着儿女们前来劝说了。大家七言八语，安慰、劝说着胡秋霞，希望她能明白，这件事已经无可挽回，她最好的办法就是接受现状，安安稳稳地过日子，因为再怎么闹，都无济于事……

"滚！你们都滚……你们都是一伙的……"胡秋霞悲伤极了，眼前的都是丈夫的亲人，他们当然不能向着自己，他们当然要劝自己同意丈夫再娶了！想想刚结婚那会儿，自己和他是多么幸福的时光呀，他教自己写字，读书，自己有什么不懂的地方，问他，再忙，他都会耐心地给自己介绍，但现在，这一切幸福，都要失去了，都要被另一个女人抢去了呵……胡秋霞越想越绝望，她看不到未来生活的丝毫生机，而最绝望时，她唯一的解决办法就是不停地喝酒，一口接一口地猛灌，她的心也一点一点地碎去。

"妈妈，你不能喝呀……"刚刚二三岁的晓水，虽然不谙世事，却也懂得心疼妈妈，拉着妈妈的衣角不停地哭着，但他哪里知道母亲心里的苦楚呢。儿子的哭声，让胡秋霞更加愤怒，酒劲发作，她一把推开了儿子，含糊不清地骂着："这都不让人活了，大家都不活吧！"她愤怒地跳起来，像一个大力士一般，抢起屋子里的椅子，砸向了窗户，砸向了桌子……顿时，房间里像遭了战争一般，乱得天翻地覆。

胡秋霞一路打砸，闯进了后院。听到前面乱糟糟的，戴夫人早带着儿女们赶过来，一看胡秋霞像个疯子一般，已经把院子里的花呀草呀砸得乱七八糟，顿时气得浑身乱颤，指挥着家人按住胡秋霞，训斥她道："你看看你！就会喝酒！发疯！你这样子，男人怎么会安心在家里呀……"

啊，他负了心，那还是自己的错了？胡秋霞哭得更厉害了。

当张家闹得天翻地覆鸡犬不宁的时候，周淑云的家里也闹得不可开交。

"什么？你竟然要去嫁一个比你大这么多的男人？你对得起你死去的爸么？你对得起我辛苦养你这么多年么？"当周淑云把自己的爱情告诉母亲时，母亲一下就愣了，然后就急了。她觉得女儿太不了解自己的心了，怎么能答应一个中年男人的求婚呢?! 她瞪大了眼睛，恨铁不成钢地盯着女儿，她觉得女儿真是疯了！还亏她上学读书这么多年，怎么这样没主见呀！

也难怪母亲生气，在周家，周淑云可是母亲的全部希望呀！丈夫早逝，自己带着一双儿女艰难度活，心里盼望的不就是将来女儿大了，能嫁个好人家来支撑门户。好在女儿聪明美丽，并且知书识礼，嫁个好人家根本不成问题。早几天，还有人来说媒，说是一个在北京做生意的人家，十分富有，家有良田千顷，在京置有房产，家大业大，膝下就一个儿子，刚过二十，要讨一个知书识礼的女儿为儿子成亲。这事让周淑云的母亲十分欣慰，虽然还没见人，心里就已经先同意了三分，这样的人家，女儿嫁过去，肯定不会受一点苦楚。没想到她还没把这事告诉女儿，女儿倒告诉了她一个惊天消息：她竟然自己挑好了夫婿，并且还是一个中年男人，并且人家已经娶过两房媳妇，女儿这是发的哪门子疯呀！

"妈，他是年纪大了点，可是，他是真心善良的，他也是真心喜欢我，嫁给这样的男人，女儿心里踏实呀……"周淑云轻言轻语地劝着母亲，把自己了解到的有关张恨水的为人和处事讲给妈妈听。并向妈妈保证，张恨水虽然比自己大了许多，但绝对是值得相托终生的男人，而自己只有嫁给了他才觉得这一生值得。

"不行！说到底也不行！"当妈的急了，不由分说，把周淑云锁进房间，不让她出来，她希望女儿能静下心来好好想一想，她觉得女儿肯定是被那个男人骗了！所以才会如此糊涂！但锁得住女儿的身，却锁不住女儿的心，被锁在屋里的周淑云不吃不喝，一心想着张恨水，才二三天的工夫，人就整个瘦了一圈，看得她母亲心里直心疼。

"你个死丫头！我养了你十多年！就抵不上人家的三言两语……"看着女儿的情形，当妈的又气又急，流着泪骂着女儿。

正在这时，听到前面突然响起一阵急促的敲门声，周淑云的母亲去开门，门还没完全打开，门外就闯进来一个披头散发的女人，只见她浑身酒气，手里舞着一根棍棒，一进门就对着院子里的东西砸起来，一边砸一边骂："出来！不要脸的周淑云！你出来哪……"

天哪，这是谁呀？怎么这么无礼？周淑云听到骂声，也赶了过来，只见一个瘦高的女人，一边砸东西一边骂自己，顿时明白，这个女人就是张先生的二房胡秋霞吧?！自己虽然没见过她们，但她也是姐姐呀，所以她赶快上前劝着，口里叫着说："姐姐先消消气，到屋里说吧，这样闹会让人笑话的事……"

但还没容她伸手拉住胡秋霞，胡秋霞就猛地一甩，周淑云差点跌倒在地，胡秋霞指着她骂道："你还嫌丢人?！你这个不要脸的！你勾引我老公！今天我非和你拼个你死我活不可！"周淑云是个文弱女孩子，她的母亲也不是这个秋霞的对手，三个女人霎时扭成一团，打得不可开交。

是的，今天闯到周淑云家里来，胡秋霞几乎是抱着拼命的态度来的。在家里闹，婆婆和弟妹们全向着张恨水，自己的哭闹非但没有压下张恨水的气势，他们反而一个个轮番劝自己接受现实，说什么老公不容易，要多体贴他！可是谁来体谅自己呀？自己又没做错什么，凭什么他要再娶呀！因为在家里得不到家人支持，胡秋霞万般无奈之中，就把气撒到了周淑云身上，她觉得如果不是周淑云勾引自己的老公的话，他怎么会要死要活的再娶三房呢！

虽然识字不多，但釜底抽薪这个道理她还是懂的，她觉得只有找到周淑云，让她知道自己的厉害，她才不敢嫁给张恨水，才能绝了张恨水再娶三房的心意！于是，她好不容易打听到周淑云家的住址，就气势汹汹打上门来了。

几个女人揪在一起，正闹得不可开交，就听一声大吼："秋霞！你闹够了没有！"随着吼声，一个男人霎地赶上前来，拦腰抱住了胡秋霞，而此时，外面又冲进几个人来，七手八脚把胡秋霞抱的抱，拖的拖，赶快弄了出去。来人正是张恨水，刚才他回到家中，本来想再劝劝秋霞的，没想到一回到屋子里，没看到秋霞，只看到几个孩子在房子里哭，说是妈妈又喝了酒，抢了根棍子出去了，心里暗叫不好，担心胡秋霞来这里闹事，就赶快带着三个弟弟前来，果然秋霞正在这里闹事呢。

张恨水赶快让几个弟弟把胡秋霞先弄回家再说，几个弟弟赶快把胡秋霞塞进等在外面的马车里，一溜烟地走了。这边弄走了胡秋霞，张恨水扑通一声跪在了周妈妈的跟前，道歉说："对不起，让你们受惊了……"

得知眼前的就是张恨水，周妈妈心里早已气不打一处来，揪着张恨水的衣领子骂道："你还有脸来呀?! 都是你骗了我女儿，你可把她给害苦了……"

张恨水知道秋霞今天着实把周家母女吓得不轻，所以没有辩解，由着周妈妈骂了个痛快："周妈妈，你不要生气，我是真心爱淑云的，我会对她好的。至于秋霞，您放心，我一定会说通接受淑云的。我不会让她受半点委屈，只求你成全我们……"

周淑云也一下跪在了母亲面前，拉起了张恨水的手，哀求说："妈妈，我们是真心相爱的，你就成全我们吧! 妈妈，你也是女人，你也知道一句老话吧，'愿得一心人，白首不相离'，妈妈，要是让我嫁给我不喜欢的人，我一辈子不会快乐、幸福! 我嫁给张先生，虽然是小，但他心里有我，我心里有他，这就足够了呀妈妈……"

看着跪在眼前的两个人，周妈妈知道事情无可挽回，而且，刚才看到那个胡秋霞虽然像疯子一般，但张恨水前来，却并没有责打她半下，由此可见，他是心地善良。唉，愣了半天，周妈妈不由得长长叹了口气，噙着泪说："女大不由娘! 妈还不是为了你好? 妈是担心你，你想想吧，你嫁到他们家去，上有婆婆，还有两房厉害媳妇，下有小姑、兄弟一大堆，这么多人，如果有人欺负你，咱们孤儿寡母，谁能替你出气呀……"

"没有会欺负我的，他不会让人欺负我的!"周淑云赶快对母亲保证说。

"是的，妈妈，你放心，我不会说多好听的话，但我向您保证，我不会让人欺负云儿，也绝不会让她受半点委屈的!"张恨水也赶快叫着妈妈说。

"哼！"周妈妈生气地说，"现在说得轻巧，真要有事了，恐怕谁也不能帮我女儿！我看女儿是吃秤砣铁了心了！但你们想要结婚，也要同意我几个条件！"

"妈妈你快说什么条件?!"一听母亲说同意让自己嫁给张恨水了，周淑云顿时欣喜若狂，一迭声地问母亲什么条件。张恨水也赶快说，只要周妈妈高兴，提什么条件他都会答应的。

"第一，让他寻找媒人，虽然他前面已经娶过两个老婆，但你是我的长女，我们嫁女儿，也要风风光光，要他明媒正娶！""妈妈放心，这个我早想过了，明天就让媒人前来提亲。"张恨水赶快说。

"第二，你们家那么一大家子，我女儿是个实心眼的人，她可斗不过你那两房媳妇，所以为了不让我女儿受气，你得另外给她买房子，无论如何我女儿都不能和你那一大家子住在一起……"

啊？这个条件呀，周淑云不吱声了，不安地望了望张恨水。自己还没进门，就要分庭抗礼，她觉得这个条件有点过分。张先生是孝子，娶来个媳妇，不能侍奉年迈的婆婆，他会高兴么？但没想到张恨水却毫不迟疑地答应下来说："好，这个条件我也满足周妈妈。"

"第三，你现在是大名人了，我们嫁女儿，也要堵住众人的嘴，不能让人家笑话我们，所以你还要拿两千的财礼……"

周淑云彻底无语了，她现在才明白，老妈这哪里是想答应婚事，妈妈这分明是在难为张恨水呀！两千大洋，她以为张恨水是沈万山？他一个人写字，要养活那么多人，他哪里还有闲钱给自己当财礼?! 但再一次出乎她的意料，张恨水爽快地答应说："好的妈妈，这个我也答应……"

周妈妈拗不过女儿，只得勉强同意了女儿的婚事，但却提了一大堆的条件，想以此难为住张恨水，让他知难而退。但张恨水怎么可能错过自己的真爱呢。所以立刻满口答应了周妈妈提的所有条件，因为手中并无积蓄，他就向几个知交好友借了一笔款子，除了送给周妈妈的财礼，又为周淑云打了几件漂亮的首饰，又在老宅子附近租了一所小院子，布置成了新房。

眼看着事情真正的无法挽回，周妈妈也只得置办了几件嫁妆，张恨水挑了个吉日，宴请了一干好友，和周淑云举行了婚礼。

新婚之夜，张恨水捧起周淑云的脸，含着泪花对她说："亲，我们终于可以在一起了! 这一生，你是我的最爱! 我也是你的心! 我们永远不分离! 永远不分离!"

依偎在哥哥的怀里，周淑云同样激动万分，经历了千阻万难，终于在一起了，从此，就真如诗经里唱的：执子之手，与子偕老! 这是地老天荒的爱情，也是自己和哥哥从此幸福生活的开端啊!

娇艳仙莲红尘开

生活对于张恨水来说，是真正的甜美，渴望已久的幸福终于来到了身边，他整个身心都像浸泡在了蜜水里。

"哥哥，累了，喝口茶吧……"每天写字是张恨水唯一的事情，写字的时候，怕影响他的思绪，周淑云就去忙家务，但她浑身却像长有无数双眼睛似的，能准确地洞察到他的冷暖饥渴，总是在他心中刚有一点念头，她就把茶水或者点心送到了他的书桌前。

"你怎么就像知道我的一切呀……"捧着新婚的小娇妻送过来的茶水，或者品尝着爱人端过来的糕点时，张恨水总会忍不住感慨地说。周淑云微微地一仰脸，抿嘴一笑，温柔地说："你不是说过么，我是你的心，怎么会不懂得你想要什么呢？"

"哥哥，你看这些花儿都开了……"每天，恰恰当他写累的时候，周淑云就会在院子里轻轻叫他，让他出去走动一下，活动一下筋骨。院子里，种满了周淑云从街市上买回的花草。正是人间四月天，瑞香、玉兰、含笑等各种花儿开得香艳。是的，结婚后，周淑云不再叫张恨水为先生，而是亲昵地管他叫哥哥。

"你宽厚，对我爱到细微，但你又细心，能处处顾及到我，这番深情，又像父亲又似兄长，我岂能不叫你哥哥……"周淑云调皮而温柔地对他说。

"好，就叫哥哥，那我从此也只叫你妹妹！"被周淑云逗得忍不住呵呵直笑，张恨水也握着周淑云的小手，温柔地对她说。

于是，哥哥和妹妹就成了他们两人闺房里的爱称，平常的两个字，足显两人的亲爱无间。

在周淑云的招呼声中，张恨水放下笔，走出书房，满怀柔情地望着他心爱的小娇妻。只见在花丛中，周淑云穿着一件粉色旗袍，笑吟吟地站在花丛，望着她亲爱的哥哥笑。是的，她真如一朵清新的莲，委婉清雅，不妖不冶，却自有无限风情。看他从房间出来，周淑云早从一边为他拉过一张椅子，让他坐在花丛旁休息，然后又很快从房间为他端出浓茶来。

"这些花香，既能醒脑子，也提醒人欣赏，哥哥不能只让人家提醒，自己也要学会出来赏花嘛……"周淑云为张恨水端来一杯茶，体贴地说。张恨水只是笑了一笑，风趣地说："谢谢妹妹了，有妹妹提醒，我这是劳逸结合了。不过你哥哥也就是一只推磨的驴子，要不停地转，不停地工作才行呀。要让我不工作，那会让我难受死的。"

他知道淑云是真心心疼自己，但因为家庭的开支，他甚至得比从前更辛苦，只有写得出更多的字，才能挣到更多的稿费，才能让那么一大家子都不忍饥挨饿呀。

因为有太多的稿子要写，张恨水只是小憩一会，就又赶快回到书房写字。周淑云也赶快去打理家务，为他准备午饭。周淑云来到厨房，开始整理一早买回的菜蔬。每天上街买菜，她不要求多贵，但却讲究营养齐全，她的菜篮子里也总是少不了黑木耳、碧绿青菜、豆腐、新鲜的猪肉……荤素搭配得很好，颜色也亮丽得喜人。

哥哥每天要写太多的字，太浪费脑子，所以她几乎是按着食谱上街买菜，买来的菜既要让哥哥健脑子，还要让他吃得赏心悦目，她每做一顿饭，简直就像精雕细琢一件艺术品一般。一边带着浓浓的爱心做菜，周淑云还忍不住低声哼起了《牡丹亭》里的唱词："原来姹紫嫣红开遍，似这般都付与断井颓垣，良辰美景奈何天，赏心乐事谁家院，朝飞暮卷，云霞翠轩，雨丝风片，烟波画般，锦屏人忒看的这韶光贱……"

正唱着，忽然身后传来拍手声，接着一个声音道："水不在多，清灵则美，家不在豪华富贵，有知心人最为祥和。妹妹这手艺，让人看一眼就垂涎欲滴了，而这嗓音，听一句也要勾出人的魂魄来呢……"原来，看看时到中午，张恨水觉得饿了，又听到周淑云美妙的唱腔，早忍不住走了进来。

"菜还没做好呢，你就过来了。"周淑云笑呵呵地说。

"够了，别太辛苦了，就这几个菜吧，来来，坐下咱们一起吃。"张恨水说着，牵着周淑云的手，和她一起坐在餐桌前。只见餐桌上的几样菜，绿的碧绿如翡翠，白的银白似珠玉，黑的荧光似凝脂……样样小菜都做得精致绝美，足见她的用心。先不说味道如何，就凭这颜色，已经让人喜得食欲大开了。

一边欣赏周淑云的手艺，张恨水一边摇头晃脑的对周淑云大加赞赏。周淑云捂着嘴呵呵笑着，拿起筷子在他的手背上轻轻敲了一下，嗔道："已经饿着肚子了，还这样贫嘴，再贫，罚你只许喝茶水，不许吃菜喽。"

"嘿，那可真不行，妹妹做的菜，我是一定要吃的，并且要全部吃下去，方不负妹妹的一番深情！"张恨水说着，还真的大口大口吃起来。周淑云赶快道："慢点嘛，又没有人跟你抢……"

一时，吃完了饭，收拾了厨房后，周淑云也来到书房，陪着哥哥，他写字，自己读书。

初夏的阳光并不强烈，温暖地洒满了小屋子，屋子里静静的，只有写字的沙沙声和偶尔的翻书声。张恨水伏在桌上疾书，周淑云就陪坐在旁边，翻看古诗词。这些书都是结婚后哥哥为她买来的，因为结婚，她不能再继续上学读书。张恨水怜惜她过早失学，便特意为她做了一个大书柜，买来了许多书籍，有绘画的、也有练书法的，更多的则是古诗词。在写字之余，教她学习也成了他最重要的一件事情。在这些书中，周淑云尤其喜欢古诗词，而她也聪慧异常，所学的诗词总是过目不忘，常得到张恨水的夸奖。

"开我东阁门，坐我西阁床。脱我战时袍，著我旧时装……"默念着《木兰诗》，这首诗是早上哥哥刚教给自己的，勇敢而美丽的花木兰，让她又敬佩又喜欢，大概太投入的缘故，这首诗哥哥早上只教了她一遍，而现在她已经可以熟练诵读了。侧脸看了一眼忘情写作的张恨水，一丝浅笑泛上她的脸。哥哥是柔情的，这些美丽的诗词，从他嘴里讲出来，加上他的解释，更多了一层通彻的美感，让她不由自主地喜欢，也因此熟知了许多诗词中的故事。

这些诗词中的故事，有美丽的，也有让人感觉悲伤的，比如，前几天哥哥给自己讲的《孔雀东南飞》，现在想起来，她还为诗中的刘兰芝难过。刘兰芝和花木兰一样美丽聪慧，但命运却比花木兰悲惨多了。花木兰自强不息，替父上战场，也成了女英雄。但刘兰芝却嫁错了人，丈夫都不能保护自己，受尽欺凌，最后也悲哀地挂枝自尽……

"唉……"沉浸在诗词中的周淑云不由得轻轻叹了一声气。

"怎么了妹妹?"正在写字的张恨水听到周淑兰的叹息声，放下了笔，柔声问她。

周淑云知道自己又打扰哥哥写字了，不安地说："不是我，我只是突然想起刘兰芝了，觉得心里难过，刘兰芝真是太可怜了!"

"是呀，她是够可怜的，因为她没有遇到一个可以保护她的丈夫……"张恨水叹息着说，忍不住轻轻揽过周淑云的腰肢，在她额上亲吻了一下。每每亲吻着心爱的女人的时候，他也会忍不住暗自庆幸，幸而，自己争取了，所以才能和心爱的女人在一起。如果自己也像焦仲卿那样软弱，恐怕命运也会像他一样，自己和妹妹也会落花流水两飘零，那样子，真真是太惨。所以男子们勇敢起来，是对自己负责，也是对爱人负责呀。

这话让周淑云蓦然想起文淑和秋霞来，心里不由有些不安，赶快笑着转移话题说："又说了这会闲话了，哥哥还写字吧……"

"不忙，我再教你一首诗再开始写。"张恨水说着，随手拿起书上的诗经，翻开第一章是关雎，张恨水随口念了两句："关关雎鸠，在河之洲。窈窕淑女，君子好逑……"一边念，一边却拿眼望着周淑云直笑。

这首诗周淑云也是知道的，看到哥哥对自己笑，不由说道："这眼神，怎么看上去就是这么贪呢，已经求到了，还这么贪呀……"

"是呀，得你是我今生之大幸，看你自然也是百看不厌。"

"切，这像是一个先生说的话么？正经教书吧，再乱说，你就闭了嘴，我自个儿看去。"被夸得不好意思，周淑云羞红了脸说。

"好好，正经说。"张恨水说着，向后翻，《周南·十一篇》诗作，正给淑云讲到《桃夭》，张恨水对周淑云道："诗经里的句子，句句都是美妙无比，诗经里的女人，也是美丽无双的，不过和妹妹比起来，似乎又差了一些。"

"哈，哪有这样夸自己老婆的，你也不嫌羞！"周淑云看到张恨水愈说愈疯狂了，便用手划在脸上羞他。张恨水呵呵笑道："难道我说错了，你这个娇憨样子可是她们能比的？我看，你也不用叫淑云了，淑云太土，你以后就叫周南吧，集她们所有的美德和内涵，你看可好！"

周南的确比周淑云诗意得多了，因为是哥哥起的名字，周淑云也满心喜欢，娇嗔地看一眼张恨水，说："只要你喜欢，就随你呗。"

取了新名字，两个人都满意，不由相视而笑。而从此，周淑云这个名字渐渐被人忘记，周南这个内涵而美丽的名字，也伴随了周淑云一生。

这天，周南拎着菜篮子刚从菜市回到家中，只见哥哥听到她回来了，迎到了客厅，对她笑着说："妹妹，有个好消息，要不要听？"

周南笑吟吟道："哥哥的好消息，我当然要听。不过我先猜一猜，是哥哥的稿费到了，所以你才高兴吧？"

"呀，你怎么如此聪明？聪明伶俐惹人喜爱就不说了，竟然还长有火眼金睛？就知道钱来了！"周南一猜就中，张恨水也不由得哈哈笑着打趣说。

"我呀，就是你肚子里的虫子，知道你想什么，也知道你会为什么事情高兴，你是想着有钱了，就可以请我吃饭，还要给婆婆和两位姐姐送去，难道不对么？"周南说着进了厨房，一边把篮子里的菜往外拿，一边又说："刚巧我没什么事，待会吃完了饭我就送过去，也看看婆婆和两位姐姐……"

自从和周南结婚后，虽然没和大家住在一起，但为人子、为人夫的责任，张恨水却从来没有放下过，总是按月按时送生活费过去。可巧这月又到了送钱的时间，正好来了一笔稿费，所以他心情愉快。周南这话是笑着说的，看着周南进家就开始忙碌，他心中又感激又欢喜。周南虽然生于贫家，但在娘家也是被母亲千娇万宠地养着，自从结婚以后，她放下身价，全心打理他们的小家，不跟他提任何要求，只希望他好，大家好，有妻如此，夫复何求？

下午的时候，周南看张恨水又开始写作，便悄悄地拉上门，自己去大院给婆婆和两位姐姐送钱。此时的周南已经怀孕，而通向大宅的小街道，就是一个繁华的自由市场，除了各种店铺，也几乎汇集了北京所有著名的小吃，什么油酥火烧、豌豆黄、豆腐脑，等等，走在这样的街道上，可以说是一路飘香。

周南是从小在京城长大的，这些玩意是深深刻在她记忆里的甜美。哥哥也熟知她的喜欢，结婚到现在，每次哥哥出来，都会为她带一些零食回去。现在，大概是孕期害嘴，每一看到这些玩意，她就忍不住想要美食一顿，但想想哥哥一个人养家不容易，就压下了贪嘴的欲望。但再转念一想，婆婆年纪大了，姐姐跟前还有三个孩子呢，自己是代表哥哥去的，怎么着也得表现一下孝心和爱心吧，于是，就一边走一边拣精致的点心买了几样，算是送给老太太和孩子们的礼物。

戴夫人正和几个儿媳在玩牌，看到周南来了，就让人赶快给她拿凳子，问周南说："心远咋没过来呢……"

"哥哥在写字呢，所以我自个过来探望妈妈。"周南站在一边，恭恭敬敬地对老太太说，然后赶快递上为老太太和孩子们买的糕点来。

"自家人，还带东西干什么。别太拘束了，坐下说，要想摸两把就坐桌边来……"戴夫人又对周南说，说实话，刚结婚那会儿，她真心不是多喜欢周南，长得瘦骨伶仃的，能干成什么事呀？她同意心远再婚，完全是体恤儿子疾劳多累，是想让他多一点顺心事而已。在她看来，周南远不如文淑和秋霞实在能干，就像一张南墙画，只能欣赏而已。但不管怎样，总归是儿子的媳妇，所以不管心里如何想，脸上总是摆出亲热的样子。

周南刚坐下，戴老夫人就又说："心远还好吧？他这两天忙什么呢？已经两天没来这里看我老婆子了！"其实，戴夫人也是在替胡秋霞争。当初，心远执意要娶周淑云，胡秋霞看扭不过丈夫的心意，便赌气要离婚，甚至还委托了律师写了离婚申请书，把家里搞得真像个大战场。为了安抚秋霞，她只得带着儿女和亲戚朋友，对秋霞轮番轰炸，允诺她心远再婚不离家，她胡秋霞还是心远明媒正娶的太太，心远不能因为再婚错待她半分，还会和从前一样和她一起养育儿女等。费尽了口舌，恩威并施，总算把胡秋霞给安抚下来了。现在看到周南一个人来了，所以有点小小的不悦。

"哥哥写字累得很，我想离得也近，就让他不要过来了，也省得路上来回走辛苦……"周南心直口快地说。

"你是你，他是他，他可是孩子们的爹呢，你回去了告诉他，不管多忙，每天都要过来看孩子，不要让孩子忘记了他这个爹……"

周南不由得一阵委屈，哥哥何曾舍得忘了孩子们呢，前天还刚来看过孩子，回去还和自己讲了一大堆孩子们的事情呢。但是她不好反驳老太太，只好忍着委屈，连连答应着。

"你呢，年轻，以后也要多来走走，跟你两位姐姐学学，你

文淑姐姐手工是极好的，纺织裁剪样样拿手，你要多学学。你秋霞姐姐虽然不太会细致活，但家务打理的头头是道……"

老太太又教训了几句，周南仍旧答应了。一边文淑早笑着站了过来，拉着她的手说："妈说的妹妹都记下了，来，坐下玩会牌吧，也显得咱们一家子热乎些。"

被文淑牵着手，刚走到牌桌旁，只见胡秋霞冷着脸说："姐姐也太热情了，这里已经坐不下了，我看我起身让妹妹来吧，刚好我也要回去看孩子。"说完，也不等众人答话，站起身就走。

周南尴尬地愣在那儿，她本想和两位姐姐加深一下感情的，没想到人家根本就不甩自己，这让她又难过又难堪。但看着一大桌子的人，她也不好把自己的委屈摆在脸上，只得强颜欢笑，陪着大家玩了会，然后说要回家给哥哥做饭，就像逃一样离开大宅。

"你回来了，你今天当邮差辛苦了，休息吧，待会我去做晚饭，让你尝尝衣来伸手饭来张口的尊贵……"张恨水仍在书桌旁写字，看到她回来了，笑呵呵地说。周南本来一肚子委屈的，但一看到哥哥，满腹的委屈顿时化得烟消云散。哥哥已经很辛苦了，自己的小委屈就不能再告诉他，让他不痛快哦。想到此，就装出笑脸，喜悦地说："那好呀，那我今天就不客气了，老老实实地假装尊贵一回，尝尝我夫君的手艺喽！"说罢，顺手拿过一本书，安静地在一边读书，等张恨水去做饭。

少顷，张恨水写完了书稿，站起来舒展着腰身，笑嘻嘻地问："到大宅里还好吧？"他其实是想问有没有人给她气受呀？周南当然明白他的意思，嘻嘻一笑说："我才知道，原来大家都这么喜欢我，妈呢，自然是不必说了，又和善又亲热，两位姐姐也好，没拿我当外人，弟妹们也都尊敬我，更难得的是几个孩子们，赶着叫我周姨，亲热得让我都不好意思了呢！"

周南一边说，一边含笑比画着，无比兴奋的样子，张恨水于是放了心，开心地说："好好，今天小小庆贺一下你赢得了众人心，我多做两个菜。等会吃完饭，我再给你讲诗词……"说着转身进了厨房。

提起了诗，周南顿时来了兴趣，跟到厨房门口说："我从前以为执子之手，与子偕老是写夫妻的，却原来是写战马的，让我绕了多大的弯子呀！"

"虽然是写马的，但这生死相依的感情，可不就是夫妻的写照么？"张恨水在厨房里，系着围裙，模样还真像一个大厨，一边做菜一边笑吟吟地对周南说："击鼓其镗，踊跃用兵。土国城漕，我独南行；从孙子仲，平辽与宁。不与我归，忧心有忡；爰居爰处，爰丧其马？于以求之，于林之下；死生契阔，与子成说。执子之手，与子偕老；于嗟阔兮，不我活兮，于嗟洵兮，不我信兮。你看看，这其实也是温柔的誓言呢，虽然是人和马，却已经融为一体，一个亡，另一个绝不独活，相依相携，相伴一生，就是夫妻，也很少能够这样呢……"

张恨水是一个温柔而细心的老师，而在他的口中，那个混沌一般的战场，烈烈战马的嘶鸣，啾啾秋虫的悲鸣，哀哀征人的叹息，都让周南心生恻隐，不由得喃喃地说："谁说世上没有这样的夫妻呢，我们就是呵！我和哥哥是永远不分离，是要永远在一起的！"

"是的，妹妹，我们会永远在一起，永远不分开，还有我们的宝宝……"张恨水说着转过了身，轻轻拥抱着周南，吻着她的额头说。

品尝着哥哥的柔情，周南的心情霎时好了起来，也顿时来了兴趣，嘻嘻笑道："难得今天高兴，哥哥也辛苦了，我给哥哥唱戏消乏吧。"

"好呀，好呀，你唱戏，我拉弦，咱们来个夫妻剧院……"

张恨水说着，麻利地把晚饭端上餐桌，两人胡乱吃了几口，周南早去换了彩装，也给他拿来了二胡。这把二胡，是刚结婚时，张恨水特地买的，说不能浪费了周南的好嗓子，他要为爱妻伴弦，这才真正叫夫唱妇随呢。而拉弦唱戏，也是他们结婚以来，最大的爱好和业余生活。

张恨水调好弦，周南轻舒长袖，轻启朱唇，顿时，一股清灵之音直冲云霄：

> 崇老伯他说是冤枉能辩
> 想起了王金龙负义儿男
> 想当初在院中何等眷恋
> 到如今恩爱情又在哪边？
> 我这里将状纸暗藏里面
> 到太愿见大人也好申冤
> ……

周南唱得如百灵婉转，而张恨水接得却让人啼笑皆非。他的台词本该是：苏三，你收拾好啦？收拾好咱就上路啦！张恨水却扬长了声音说道：妹妹你放心好了，哥哥一生不会负你的呀！

周南再接着唱：

> 玉堂春含非泪忙往前进
> 想起了当年事好不伤情
> 每日里在院中缠头似锦
> 到如今只落得罪衣罪裙
> ……

下面又该张恨水念崇公道的台词，他却又改成道："妹妹，不管你从前多么艰难，从此后哥哥决不让你再受半点苦和难，在红尘挽着你的心比翼双飞，生生死死不分离……"

张恨水夹杂着安徽口音的标准话，逗得周南直笑，两个人停了唱戏，笑成了一团。

此刻，花香，笑声，戏语，都弥漫在夜色里，真真是人世间最美好的时光了！

相濡以沫情几许

1938 年，安徽潜山。

转眼，周南和哥哥已经牵手走过了七个春夏秋冬，五年里，他们孕育了三个宝宝，也经历了抗战爆发。去年，全国抗战爆发，为了避乱，哥哥带着她和孩子，还有年迈的婆婆，一起回到了潜山老家，打理好他们，忧国忧民的哥哥就和相知多年的好友张友鸾，一起南奔，去闯天下。

正至初夏，周南在院子里哄着几个孩子玩，她的怀里，抱着刚刚出生不久的三子张伍。小家伙不谙人间艰难，刚刚会笑的他不时地仰起小脸，咧开小嘴对着妈妈甜笑。院子里哥哥早先种下的花草，灿然盛开，但周南却没有心情欣赏，脸上挂着淡淡的忧郁。她在思念着远方的哥哥，硝烟弥漫，亲人分离，她的心一刻也没有安宁过，总是担心远在他乡的哥哥会出什么意外。

人隔千里，只能书信传输音讯，烽火连三月，家书抵万金，在这兵荒马乱的年代，哥哥的每一封来信，都让她如获珍宝，都要细细地读上无数遍，仍舍不得放下。早几天，又接到哥哥的来信，信中说，他已经辗转到了重庆，和好友张友鸾全力编辑《新民报》。哥哥不无动情地说，可恨的日本鬼子侵占了祖国的大好河山，他虽一介书生，但也要为国站出来，所谓国家兴亡，匹夫有责。他要把《新民报》当成一方阵地，用笔当枪，来号召大家抗日，为抗战做些事情。在信中，哥哥还深情地问候她，对她说："时局动荡，人人不安，三个孩子就全赖你照顾了，委屈了你，也辛苦了你，哥哥记得你的好……"读着哥哥的信，她不由得泪流满面。

"妈妈，爸爸上哪了？什么时候回来呀？"六岁的二水玩累了，跑了过来，小家伙长得圆脸大眼，像极了他的爸爸，并且也懂得体谅她这个母亲了。他看到妈妈怀里的弟弟，伸出小手说："妈妈抱累了，我抱弟弟……"看着乖巧的孩子，周南忍不住浅笑一下，二水也还是个孩子呢，他怎么能抱得动小弟弟呢。

"吃饭了，妹妹。"是文淑姐在厨房里叫他们母子吃饭了。一大家子，数十口人，吃饭时间也是最热闹的，人也聚得最齐。大家都坐定的时候，牧野从外面奔了进来，笑嘻嘻地说："我来晚了，不过幸好还能赶得上吃饭。"

"老四成天外面跑，你忙的是什么呀？"戴老夫人坐在上首，看着刚进门的牧野问。

"大事，好事，你听了肯定高兴。"牧野像是累了，坐下就吃，一边对母亲嘻嘻哈哈打马虎。他不说，其实家里除了老母亲，其他人都知道他在干什么。去年冬天，他和大哥张恨水一起去南京，本想在那边办报宣传抗日的，但南京沦陷，他们中途遇难，牧野是急性子，看到国难当前，觉得办报救国太慢，不如直接拿枪杆子打鬼子爽快得多。于是，就折回老家，组织了一个游击队，每天忙着抗日的事务。因为母亲年纪大了，怕她知道这些事担心，所以里里外外都瞒着母亲。

"哥哥又来信没？"牧野一边吃饭，一边问周南。

"没呢……"周南说。

提到哥哥，牧野的话就来了，哈哈笑着给大家讲起去年冬天他们去南京的事，说他们当时还没到南京，前面就因为战争无法行走，他们就在一家小旅舍住下来，晚上根本睡不成觉。店老板再三交代，要大家睡觉机灵些，因为不时会有日本的飞机来轰炸，到时大家都各自逃命，肯定没有人会顾到别人去叫醒他。心里担惊受怕不敢睡，店里也聚集着许多人，都在愤慨的议论小日本欺人太甚，蚂蚁小国敢侵犯泱泱大国，更可气的是中国这么一个大国家，竟然不抵抗，说到激愤处，牧野和哥哥也躺不住了，忍不住走出来，和大家一起说，要抗日。本来是他们一群人在议论呢，听到牧野的提议，纷纷同意一起抗日，并要牧野当带头人。牧野一时性起，就撺掇哥哥也别想着办什么报纸了，也拿枪抗日吧。大哥被他们鼓动得也热血澎湃，当即修书一封给国民政府，希望国民政府承认支持他们的抗日行动。

"哈哈，这群王八蛋，光吃饭不干活，就是不批准大哥的申请，娘的，我是没耐心和他们周旋，干脆我也不要他们承认，也不要他们同意，我就偏要自己干，我还就不信，政府不支持，我就不能抗日了……"

　　说到兴奋处，牧野不由说出了自己的秘密，他一旁的妻子和大嫂文淑赶快向他递眼色，幸好戴夫人年纪大了，没太听清儿子的话，仍旧笑呵呵地问："你要抗什么？"

　　"哈哈，抗饥饿，肚子饿了，我没空吃饭，就让它饿着，你说是不是抗饥饿……"

　　牧野脑子飞转，编一通假话糊弄母亲。戴夫人却信以为真，赶快对儿子说："说的傻话，谁都不能饿着，告诉你，再大的事，也没有肚子重要，以后别等我们吃完饭了你再回家，要提前回来，要不，大家吃完了饭，你饿肚子谁也替不了。"

　　"知道了，知道了。"牧野笑嘻嘻地说，一家人被他逗得哈哈大笑起来。大家笑得欢畅，周南却暗暗地叹了口气，更挂念起远在他乡的哥哥来。因为周南带着孩子，所以家里并没有给她安排什么家务活，所以一吃过饭，她就抱着孩子回到了房间。她前脚刚进屋，徐文淑后脚就跟了进来，关切地问："妹妹有什么心事？显得不开心呢！"

　　周南苦笑了一下说："哪里有开心事呢，我想着哥哥，心里不安。"

　　徐文淑从她怀里接过孩子，安慰她说："放心吧，肯定没事！你奶着孩子，可得注意自己的身体，别你操心坏了，孩子也没奶吃呢！"周南感激地望了一眼这个敦厚的大姐，回到老家来，和大家生活在一起，大姐虽然话语不多，但对自己也算是颇为照看，遇到这样的姐姐，自己也算是幸运了。

"这孩子胖乎乎的真好玩，就是看在孩子的面上，你也不能让自己郁闷呢……"徐文淑说着，把孩子放在床上，张伍在床上蹬着小腿儿，咯咯直笑。看着可爱的孩子，周南又想叹气，孩子是乖的，大家各有各的活，自己一个人看着孩子，实在太累。尤其是晚上，她都困得眼睛睁不开了，小家伙就是不肯睡。

"哦，你这个小调皮，你知道你爸爸不在家里，所以你就故意折腾我的啊！你这个小小的坏东西！"周南一边给孩子说话，一边抱着孩子在屋子里来回踱步，晃着孩子。摇晃着孩子的时候，她就会不由自主地想起哥哥的恩爱来。想起那时在北京住着，刚刚有了长子二水，哥哥每天的任务是写字，但写字的时候，他还长着耳朵呢，每每听到自己哄孩子累了，他就会放下笔，过来抱孩子，让自己去休息。哥哥很文弱，但却是一座坚实的山，靠在哥哥的肩上，才是世间最安稳的依靠啊！

在相思的海里，周南总是忍不住泪水涟涟，所有的心思都化成一个心愿：哥哥在身边多好呀！忽然，她脑子里跳出一个念头：哥哥不在，但自己可以去找哥哥呀！

她被自己的念头给吓了一跳，觉得自己真是大胆，这兵荒马乱的，自己竟然要去找哥哥?!不但她自己被吓了一跳，听了她的话，徐文淑也吓了一跳，吃惊地瞪着她说："妹妹，你是不是想他想迷糊了？你要去找他？这千山万水的，你上哪儿找？怎么去呀?!"

"怎么不能去，千山万水的，我可以坐船，坐火车呀！不行，我一定得去找哥哥，看不到他，我心里总是不安，我生也要跟他在一起，就是死也要死在一起，我立刻就动身，立刻就去！"

周南激动起来，去寻找哥哥的念头一旦涌出来，就再也压抑不住了，看她像疯了一样，徐文淑也不敢说什么，赶快把她的想法告诉了婆婆，这真让全家人都吃了一惊，大家都觉得周南也太野了吧！怀里的孩子才刚几个月，她又是一个女人家，竟然要千里迢迢去寻夫?!

"什么? 你要去重庆?"听了文淑的话，戴夫人立刻把周南叫来，责问她。

"是的，妈妈，我已经想好了，现在兵荒马乱的，我待在家里，心里不安，而且，哥哥一个人在那里，他也需要人照顾呀，我去了，可以给他做饭，给他洗衣，看着他，我心里才有安慰呀!"

"可是你的孩子这么小，怎么去! 家里都有各人的事，孩子也离不开娘，你一个人肯定带不了几个孩子上路，留在家里也没人能照顾得了呀……"戴夫人说了一大堆的难题，就是想让周南明白，此路不通。没想到周南立刻接上话说："我已经给妈妈写了信，让她过来照顾孩子，那里正打仗，她老人家过来了，我心里也少一股牵挂。"

周南似乎一切都已经考虑成熟，一家人阻止不了她，只得同意了她的决定。几天之后，周南的母亲从北京赶来，照看着二水，周南赶快收拾行李，决定带上张全和张伍去重庆投奔哥哥。但戴夫人终归是不放心，于是便请求了从小和张恨水交好的堂兄张东野先生一路照看，把母子三人护送到重庆。

远在重庆的张恨水闻知周南要到重庆找他，心里可真有点慌，担心他们路上出事，赶快发了封电报回家，让周南安心待在家里别动，免得他挂念。但周南去意已决，便悄悄藏起了电报，收拾好了行李，就和东野大哥拖儿带女地向重庆进发。他们一路赶往上海，然后再从上海坐火车到宜昌，然后再到重庆。

出了家门，周南才知道，这一路真的是艰辛异常。虽然有东野兄长照顾着他们母子上路，但又要挑行李，又要照顾孩子，走起来真是困难。考虑到他们母弱子幼，但凡有车的时候，东野就赶快雇车代步，但没有车的时候，就只能步行。周南一个柔弱女子，又抱着孩子，没走多远，就累得直喘，但看着东野兄长挑着行李牵着张全，也十分辛苦，她就咬着牙坚持着。到了车站又要挤车，又怕挤丢了行李，真是说不尽的劳碌辛酸。好在几天后，几个人终于跌跌撞撞赶到了宜昌。

当火车到达宜昌时，已经是黄昏时分了，东野抱着张全，背着行李，周南抱着张伍，胳膊上挎着一部分行李，几个人随着人流挤下火车，还没走出车站，两个大人就累得浑身酸疼，东倒西歪一般。出了车门，只见南来北往的人，有很多都是逃避战乱的荒民，但看看自己，拖儿带女的，也跟逃荒的差不多了，周南不由得苦笑了一下。

"你在这里别动，我去找辆车，再给你们买些东西吃……"

看周南累得脸色惨白，东野赶快说，然后放下张全，让周南照看着，他去找车买食物，准备找辆车带着他们母子先住一晚上，明天再搭船到重庆。周南累得几乎要瘫在地上，但她不敢松懈，坐在行李旁，搂着两个孩子等待堂兄的到来。

"伯伯怎么还不回来呀，我饿了……"张全饿得叫了起来。

　　周南四下看看，前面不远处只有一个卖豆浆的，就对张全说："你站在这儿别动，妈妈去给你买豆浆……""乖宝贝，在这儿等着，妈妈去给你买吃的。"

　　抱着孩子来到豆浆摊前，打一杯豆浆，就赶快回转，只见一个老头子正站在他们的行李前，对张全说着什么。看到她过来了，老头子转向了她，说："你家先生去雇车的对吧？"

　　周南点点头，心里一紧，以为堂兄出了什么事了，赶快问老头："是呀，老伯，你看到他了？"

　　"是呀，他雇的车子就在前边，他让我来叫你们过去，他太饿了，在那边吃点东西等你们……"老头说。

　　周南一听，赶快抱起张伍，牵着张全的手，老头也帮他们背起行李，向前走去。

　　没想到老头子看着年纪挺大了，精神却很好，周南几乎赶不上他，怕东野兄等得焦急，又不敢慢下脚步，只得一路小跑一般，一边气喘吁吁地问老头，怎么还不到呀？"快了，快了……"老头说着，走得更急了。忽然，周南心里一惊，感觉有点不对，前面的行人好像越来越少了，这黑灯瞎火的，老头要把自己和孩子带向哪里呀？不会是遇上骗子了吧？她霎时惊觉起来，停下了脚步，对老头叫道："等一等！大伯……"

　　没想到老头子不但不停，反而扭身抱起张全，甩开步子就跑起来。周南吓坏了，扔了挎着的行李，拼命追起来，嘴里大叫道："救人呀，有人拐我的孩子呀……"

　　周南声嘶力竭的尖叫，顿时引来了几个路人，老头子一看就慌了，一脚没踩稳，一下摔倒在地，怀里的张全也被重重地抛了出去。周南也不知哪里来的力气，一个箭步就奔了上去，一把把张全给搂在怀里，大叫道："救人呀，救人呀……"

正在这时，一个人影闪了过来，一把抱起了张全，对她道："叫你们在原地等，怎么跑到这里来了……"原来是东野兄长买东西回来，一看路边没有了周南和孩子，吓得魂都出来了，听到这边吵闹，所以赶快赶了过来，没想到还真是周南母子。一看亲人来了，周南再也忍不住，哇地哭起来，一旁的路人也纷纷告诉东野说，真可怜，这娘仨刚才差点被拐走了呢！东野气坏了，扭脸要教训那个老头子，老头子一看来人了，早从地上爬起来，像个兔子一般逃得飞快。

东野要去追赶，几个人拦下了他，劝他说，算了，幸好人没事，这老头是这一带有名的骗子，专门骗那些来逃荒的女人、孩子，在他手上也不知拐卖了多少人呢，幸好周南机灵，没有上当，强龙不压地头蛇，兵荒马乱的，还是少惹麻烦吧。

受此惊吓，周南再也不敢相信任何人，抱着孩子一步也不敢离开东野。此刻，东野找来的车也到了，是一架板子车，不过有这已经相当不错了。坐上了车，东野赶快把买来的馒头和咸菜拿出来让他们吃，周南这会儿受了惊吓，根本没心思吃，张全是饿急了，抓起馒头就往嘴里塞，看得周南直想流泪。在东野兄长的带领下，来到一家小旅馆，娘几个住了一个房间，东野说要省点房费，就在走廊里歇了。惊魂初定，周南想要哄孩子们赶快睡一会，明天好赶路，但整理行李时她才蓦然发现，更倒霉的事情发生了，刚才在慌乱中，她竟然丢了盘缠。盘缠是放在张伍的小衣服里裹着的，但翻遍了行李，孩子的衣服也不见了，钱自然也是无影无踪了。

"怎么办呢？怎么办呢……孩子饿了要吃的呀，还要路费……"周南急得想要哭了。

听到吵闹声，东野不明白发生了什么事，赶快走过来，听说丢了钱，不由得也愣了。愣了半晌，只得安慰周南说，幸好自己身上还有点钱，还能买下明天的船票。现在天晚了，还是赶快休息吧。

因为丢了钱，周南心中十分愧疚，一晚上几乎没合眼，第二天早上的时候，头就晕得厉害，但为了赶路，她强忍着没吱声，也顾不得吃早饭，赶快向渡口赶去。来到渡口，这里的情景把周南吓了一跳，只见人山人海，都在拼命往船上挤。挤在周南旁边的，是一个蓬头散发的中年女人，她一边往船上挤，一边给周南讲他们一路上吓人的情景，她说她是逃荒的，娘家夫家的人一起逃了出来，一路上真是惊险，正走着呢，说不定小日本的炸弹就来了，逃出来的总共有十个人，现在死的死，伤的伤，就剩下三四个，中年女人一边说一边落泪，哭喊着说，这年月，行路也不安全哪……

周南也只是叹息，好不容易挤上船，周南激动得落泪，坐上了船，就等于拿到了去重庆的通行证，马上要见到哥哥了，这是最大的喜事呀！本以为坐上了船就离哥哥更近了，但没想到船才开出宜昌，忽然人群骚乱起来，周南还没明白怎么回事，只听到身旁的人惊叫道："小日本的飞机又来了……"

虽然没有亲历过战场，但小日本的飞机到处丢炸弹，却是听说过的，周南顿时紧张起来，不由得紧紧搂住了身边的孩子。

望着惊慌的人们，一时不知该如何办。听说小日本的飞机来了，船上的人顿时乱了起来，有骂的，有哭的，而在纷乱中，就听到一阵轰隆隆的声音，接着看到天上飞过来几个小黑点，近了才看到果然是几架闪着白光的飞机。东野是男人，危难之时，也顾不得自己，护着周南母子，让他们赶快学着大家的样子趴下来，周南抱着孩子，十分不便，只能半蹲着身子，把孩子紧紧搂在怀里，在心里不停祷告。只见隆隆的飞机鸣叫着，几乎从他们头顶掠过，飞机过时，从头上顿时落下无数个恐怖的黑点。

紧接着，就看到远处和近处的水面上炸起巨大的波浪，炸弹掉到水里了。人们更加慌乱起来，船身也摇晃起来，而就这时，只听啪的一声巨响，船边顿时掀起了一股巨浪，巨浪摇晃着船，船身剧烈地晃动起来，而刚才一个紧紧抓着船舷的人，竟然扑通一声掉进了水里。周南吓得尖叫一声，不敢去看掉在水里的人，船身仍在猛烈地摇晃，周南一阵天旋地转，抱着孩子摔倒在船上，还没起身就拼命地呕吐起来，就在这时，又有人倒下来，结结实实地砸在她和孩子身上。也不知过了多久，周南感觉自己已经到了地狱一般，身上疼痛更剧烈了，不过她也暗自欣喜，疼，至少说明自己还有知觉，还活着呀！

飞机已经消失得无影无踪了，人们又恢复了生机，有骂的，有笑的，还有哭着跪在船上祷告的，一时间船上杂乱又热闹。周南呆呆地坐在船上，怀里紧紧搂着两个孩子，期盼着这种要命的时光赶快过去，自己和孩子要赶快去到哥哥身边才好。

当周南在路上经历着生死时，重庆的张恨水也像热锅上的蚂蚁一般，坐立不安。

东野大哥他是明白的，也是放心的，这位堂兄自幼秉传家教，不但为人豪爽，也习得一身好武艺，是个忠贞义胆的汉子，把妻小交给他护送，绝对可以放一百个心。让他不放心的是时局，战争已经全面爆发，而且敌人的战机也不时沿途轰炸，谁知道会发生什么事呀?! 因为担心，他每天一早都要跑到渡口去迎接，一时看不到妻子孩子的身影，他就一刻也难以安宁。

这天他再次来到渡口时，终于又有一艘轮船到来，船还没停稳，他就向船上奔去，想看看亲人在船上没。突然，他听到熟悉的叫声，是东野兄的，抬头望去，果然看到在拥挤的人群中，东野正抓着船栏杆，不停地向他挥手，大声叫道："心远！我们在这里！周南在这里……"

紧接着，他看到了亲爱的妹妹，还有他们的孩子，妹妹一定是累坏了，她瘫坐在船边上，一手搂着孩子，一手向他挥舞着，她的嘴巴大张着，他听不到她的声音，但他知道她在叫喊什么，他听到她从心里发出的声音："哥哥！哥哥呀！"张恨水的眼泪忍不住唰地夺眶而出。

第三卷

剪断京华梦

离别桃园聚蜀道

终于又见到了哥哥，可以和哥哥相依相随，周南的心情无比激动。在烽火弥漫的乱世中，亲人的团聚才是世上最珍贵的东西，在看到哥哥的那一瞬间，周南就如第一次和风华正茂的哥哥约会在北海一般，涌动着人生若只如初见的那种甜蜜中带着慌乱的激动。只是，这一次的别后相见，更是与往昔的小别不同，这是经历了天各一方的离别、血肉横飞的惊惧之后的得到，更让她觉得弥足珍贵，更让她激动的难以抑制。

周南几乎是奋不顾身地扑进哥哥的怀里，她娇小的身子在剧烈地颤抖，泪水伴着痴狂的呢喃，一遍一遍地问："哥哥！是你么？我们真的又相逢了吧！这不是梦吧！这不是梦吧哥哥！！"

"不是梦！不是梦！妹妹！我们真的又相逢了！我们一家人……真的又团聚了！"张恨水同样激动，泪水迷蒙。他的心是颤抖的，手也是颤抖着，抚着他的妻，他的孩子，真有一种恍惚梦中的感觉。

在这乱世，一封平安的家书对任何人来说，已经显得不可多得，弥足珍贵。而能在烟火战乱中，再拥抱亲爱的妻儿，对他，对他们，此刻的情景宛如是天上人间，用尽词海中的词汇，也难描述一二。

许多年后，那一幕场景仍是张恨水记忆中温馨的一页：他抱着张全，妹妹怀抱着张伍，东野兄背着行李，一行五人跌跌撞撞地在拥挤的人流中前行。而他和妹妹在行走时，却各自腾出一只手来十指相扣……一路上，周南都是在笑，含着泪花的笑。

"妈妈，你为什么哭呀？"三岁的张全，懵然不懂人间悲欢，但他觉得妈妈和爸爸好奇怪呀，见面了应该高兴，怎么老是不停地哭呀哭！

"妈妈这是高兴的泪！宝宝！"周南哽咽着对宝贝说。

牵着哥哥的手，从渡口走了一个多小时，来到公路上，张恨水雇了辆车，载着一家人向他在南温泉的家奔去。虽然早在信中告诉过家里自己的现况，但张恨水仍不厌其烦地再次给周南讲：自己住的地方可美了，是不久前才刚搬到这儿的，早先在一户人家里居住，但来这里避乱的人太多了，所以房价飞涨，房东竟然给自己涨了数倍的房租。自己哪有那么多钱，这房子是文协在这里筑建避乱的，刚好有人搬了出去，自己就搬到了这里。这里虽然是在山村，但风景奇美，屋前有小桥流水，房后是青山叠翠，看一眼都让人醉呢。而且，自己的住处也有一个很诗意的名字，叫"待漏斋"……

"待漏斋？"周南奇怪地问，这名字怎么这么奇怪呀。"是呀，呵呵，到了你就知道了，因为下雨的时候声音特别好听，所以有时间就盼望下雨，所以就起了'待漏斋'呀。"面对周南的惊奇，张恨水嘻嘻一笑，神秘地说。

沿着弯弯曲曲的山路，走了差不多两个小时，车子终于停了下来，张恨水率先跳下了车，微笑着对家人说："到了。"

周南迫不及待地跳下马车，观望着即将入住的新家。在她的印象中，新家全是哥哥在信中描绘的样子。哥哥说这里很美，这里是湖温泉，这里是重庆著名的景区，这里山峰奇秀，可以和老家潜山的青峰媲美；说这里春天山花灿若云霞，秋天漫山遍野全是扑鼻香的野果；说这里一年四季，溪水潺潺……总之就是世外桃源，来了就不想走了。

但望着眼前的情景，周南不由得怀疑，这就是哥哥描绘的世外桃源呀？景色倒真是清秀，清澈的小溪也是真的，秀美的山峰也是真的，可是房子呢？只见在小溪的边上，真的建着一排排的房子，如果这还能称做是房子的话。这些房子严格地说，只能算是茅草庵吧！没有砖砌的墙，没有瓦铺的顶，全是用竹篾和着泥巴筑成的，墙的四角是几根粗硕的木头在支撑着，房顶竟然铺的是稻草，房子看上去单薄极了，像是一掌就能推翻，这也叫房子呀！

周南疑惑地望向她的哥哥，这样的房子，不但她想象不出来，就是在梦中，也从不曾出现过呀。这是她有生以来见到的最破烂不堪的房子，还起了那么一个有诗意的名字叫"待漏斋"，呵呵，叫个"叫化子庙"是最形象贴切的了！

张恨水微微一笑，拉起她的手向一幢房里走去，一边对她说："别看这房子破，可是冬暖夏凉呢。再说了，现在是国难时期，到处兵荒马乱的，还不时有鬼子的炮弹轰炸，房子建得再好，鬼子的炮弹一炸，就什么也没有了。这多好，省钱省事，炸了也不心疼呀，你说是吧。而且，你还不知道呢，这房子后面就是防空洞，日本鬼子只要一轰炸，咱们一转眼就能进到防空洞里，你说这多好的条件呀。再说呢，房子好坏都无关紧要呀，重要的是咱们一家人能在一起，这就是最好的结果，是吧妹妹！"

回答哥哥的，是周南温柔而甜恬的笑，千里迢迢寻夫，就是跟着他吃糠咽菜，流浪度日，也应是人间最美的事情了。所以，周南很快开心起来，在他们的新家忙碌着。

房子外面看着不像样，里面更是十分简陋。房子倒有三间，中间一间算做客厅吧，一张旧桌子，两把破椅子，就是待客的全部家当了。另外两间，其中一间是哥哥的书房和卧室，同样简单，临窗的地方置了一张旧书桌，桌子斑驳陈旧，桌面上铺着油布，书籍、笔墨纸砚堆得满满的。靠桌就是床了，床头、枕边也堆满了书，更衬托得床狭小拥挤。

想到哥哥从前在北京时，怎么也有自己的书房，可以静心写作，现在这情景，也是苦了哥哥了！最后一间房，应该是哥哥的厨房了，一张小案板上，放着锅碗瓢盆，还有一个小小的橱柜，里面放着米面，餐具摆放得整齐干净，像是不经常使用的样子。

"妹妹没在的时候，我一个人，很少做饭，你来了就好了，明天我就去再买张桌子和椅子。还有你和宝宝们睡的床……"

张恨水说，周南已经无心听他的解释了，她得赶快把这收拾一下，既然来了，这就是家了，是家就得女人来打理不是。

于是就赶哥哥去陪着辛苦了一路的东野兄说话，自己说干就干，赶快开始收拾，正在忙乱，只见涌进来几个人，笑嘻嘻地说是来会见新邻居的。周南停下了手里的活，只见来的人有四五个，男男女女都有，两个男人大概三十来岁，一个戴着眼镜，都穿着西服，文质彬彬的样子。一个脸蛋白皙的年轻女人，手挽着戴眼镜的男人，正笑眯眯地望着她。在几个大人的后面，是一个四五岁的男孩子，已经和张全玩到了一起，在房间里追打起来。

"周南，这是咱们的邻居。"看到来人，张恨水赶快给周南和东野做介绍，周南这才知道，这几位都是邻居。戴眼镜的姓尹，是浙大的教授，和妻子孩子住在他们隔壁，妻子叫韵岚，孩子叫兆琦。另一位住得离他们稍远点，没事爱来找张恨水聊天，叫杨应济，也是一位内迁大学的老师，是东北人，举家都在东北，只他一人来到了大后方。

"嫂子这么年轻漂亮呀！"韵岚笑嘻嘻地望着周南，热情地说："这下可好了，嫂子来了，咱们这里以后就热闹了，我也有了聊天的好伴儿了……"韵岚是位爱说的女人，快乐地对周南说着，并走上前帮她收拾房子，倒让周南有些不好意思起来。

安全送周南母子到达重庆，东野便急着要回去，第二天，张恨水只得依依不舍送他到渡口。分别后，自己又折回市里，买来一张小床和一些米面，一下子增加了三个人，他的那张床上根本挤不下。回到家里，只见周南还在忙碌，为了腾出屋里的地方，周南把厨房移到了房外，凡能放在外面的东西，也都搬了出来。张恨水就自己动手，在门外搭了一个小棚子，砌了一个方台子，当做简易厨房，又在房后搭了一个小房间，当杂物间，忙乱了好几天，才算安顿下来。

家是异常的简单，但因为周南的到来，而充满了生机和欢乐，张恨水的脸上几乎每刻都是笑眯眯的，欣喜地望着娇妻爱子。周南也是幸福的，当然每每到了做饭的时间，她也不免会愁眉苦脸起来。

她发现，这里和在家里相比，真的相差太远了，米面倒是有，但菜蔬却奇缺。哥哥说，她没来时，他都是将就的，因为去一次市里不容易，路远，另一个也危险，说不定有时走在路上，会遇到空袭，不安全，所以他就懒得买菜了。

刚到时，周南还抱着好奇的心情，和隔壁的韵岚一起去买菜，没想到真应了哥哥的话，两个女人刚从市里出来，就遇到了空袭，满街都是奔跑逃命的人，韵岚拉着周南没命地狂奔，好不容易找个地方躲藏下来。惊魂初惊，周南不由得又惊叫起来，因为刚才只顾逃命，竟然都不知道把刚买的菜丢哪儿了。

去买菜太危险了，不过周南马上发现了有其他办法可以弥补。在来的第二天，韵岚就带着她到房子后面的山上去挖野菜。韵岚对她说，没菜的时候，她就是到山上挖野菜，这些野菜颜色绿油油的，做出来一点也不比在集市上买的差，还省了钱，也省了危险呢。

从前在北京时，可从没吃过这些野味，刚开始周南还是新奇，把挖来的野菜花着心思做好，或拌了面蒸熟，再炒炒，咦，喷喷香的，真是一种美味。除了蒸，也可以凉调，腌制，总之是想着花样做来吃。

"妹妹，你是七仙女下凡吧，手太巧了，这菜的滋味，大酒店也做不来呀！"每当吃着周南亲手做出来的野菜，张恨水就十分惊奇地说，一脸的赞赏。

"这可恶的战争，逼得我变成美味大厨了。"周南苦笑着说。这些野菜，刚开始是美味无比，但吃了几天，就会乏味起来。但再乏味，她也强忍着，尽量不去花钱买菜，因为在来之后，她也才明白，哥哥不容易，战乱时期，物价飞涨，哥哥的钱除了养活他们，还要往家里寄，家里的婆婆和两个姐姐，都需要他养活。所以，要苦大家都苦了，能省下多少就省下多少吧。

在来到哥哥身边的第二个星期里，周南终于明白哥哥为什么把这房子叫做"待漏斋"了。那天晚上时，周南正在熟睡，忽然脸上滴起了水，一下就把她给惊醒了。只见昏黄的油灯下，哥哥正在忙碌，往地上摆着一个又一个的盆子，什么洗脸盆、面盆等等，全摆上了，而房上正滴滴答答地往下滴着水。他们的床上，也摆上了两个洗菜盆，刚扭脸去看床上的水盆，就听"嘀答"一声，又一滴硕大的水珠落在了她头上。

"下雨了……"周南叫起来。

"是呀，一下雨，咱们这房间到处都漏，你赶快起来，把床上漏的地方再摆上盆子，免得把孩子给滴醒了……"张恨水说。

周南赶快跳下了床去拿盆子，在屋子里转了一个来回，不由得叫道："没盆了，全剩碗了……""那就碗吧……"哥哥说。周南只得赶快拣了两只大碗过来，摆放在床上。

"房子竟然漏得这样厉害呀！"看着屋里到处摆满的盆和碗，周南苦笑着说。

"是呀，呵呵，不过没事，一会雨就停了，你现在知道为什么这房子叫待漏斋了吧。乖乖，我第一次住进来的时候，不知道房子漏，那晚睡得还贼香呢，结果早上醒来，哈哈，我都成了落汤鸡了……"

看来哥哥真是习惯了这种苦日子，没有一个点烦恼，竟然还高兴地笑了起来。正当他们两口子手忙脚乱在屋子里接雨时，只听得隔壁也在嚷嚷着快拿盆子来，这里也漏了……

周南不由扑哧一声笑了，说："唉，这房子，外面下雨屋里漏，这就像是讨荒要饭嘛！"

"是呀是呀，不过没事的，妹妹你放心，等抗战一胜利，咱们就再也不用过这日子了……"哥哥安慰她说。

战乱中的生活，无比的凄惶和心惊，但为了打理好一家人的生活，周南很快就适应了这番清苦。她不再抱怨，而是每天想方设法地用最简单的野菜和米面，把一家人的生活打理得有滋有味。而和刚来时相比，在不出两个月的时间里，她也像换了一个人似的。从前在北京时，她喜欢逛街，也喜欢买许多的零食，但在这里，她全改了，一文钱也舍不得花，而且还想方设法地简省，生活的艰难把她骨子里的奢侈和小资情分，全磨去了，剩下的就是粗糙的生存意识了。

张恨水的生活，和从前在北京相比，除了忙碌报社的工作，他的大部分时间还是写字。只是，因为战乱，物价飞涨，稿费却没有上升过，微薄的稿费根本无法生存。所以，张恨水也只是接了一些约稿，但这约稿却都是一些熟知的编辑的，他无法推脱，所以每天要写好多字，但收到的稿费却相当微薄。

因为每天有写不完的字，张恨水除了工作，几乎从不串门也不像其他人那样，还有打牌的时间。他最大的消遣，就是在写字写累了的时候，和周南聊聊天，回忆他们在北京的生活，或者听周南讲她这一路上的艰难。

而在来到哥哥身边后，周南也才得知哥哥来到重庆后的种种。当初，本是抱着自己办报宣传抗日的心情来的，但因为在路上出了意料之外的事情，所以哥哥和牧野分别后，就和好友张友鸾一同进川，并结识了陈铭德先生。陈铭德先生不但喜欢文字，也是报界的知名人士。刚过不惑之年的陈铭德品性优良，开明豁达，也是深受新文化运动影响的一代潮人。他毕业于北京国立政法大学，思想开明，尤其是在报业上，颇有作为。十年前，他即和好友吴竹似、刘正华创办了《新民报》，因为报纸言论自由，针砭时世的态度，重重得罪了一些当政人物，报刊也屡屡遭遇打压，又恰逢战乱，不得不停刊。

张铭德虽是第一次见到张恨水，但也早就听闻过张恨水的才名，两人一见如故，加上都对报业有着丰富的经验，一番商量后，当即一拍即合，聘请张恨水、张友鸾、张慧剑、赵超构等重新复刊《新民报》，并聘任张恨水为《新民报》的主编。

既要负责新闻，还要为副刊撰写小说连载，张恨水的工作并不轻松。叹息哥哥常年辛苦，周南为了让哥哥静心写字，每天一吃过饭，就约上韵岚一起去后山挖野菜，或者独自带着两个孩子到山上去玩。

那天下午，张伍睡了后，周南就赶快把前天挖来的野菜清洗干净，上笼蒸熟，准备晚上时给哥哥和孩子炒了吃。然后又包上两个菜团子，抱上张全，到后山去带孩子玩，并准备顺便再挖些野菜。

母子俩来到后山，张全是小孩子，看到一切都觉得新鲜，嚷嚷着在山路上奔跑着玩。周南顺势坐在一处草坪上，看着孩子玩耍。忽然，只见张全尖叫一声，扭转身就向她飞奔而来，小嘴里惊恐地叫着："妈，妈妈，有鬼！鬼来了……"

听到孩子的叫喊，周南不由哑然失笑，昨天下午在这里，自己刚给他讲过一个鬼故事，小家伙就现学现用上了，这世上哪有鬼呀。

但像是回答她的疑虑似的，张全还没跑到她跟前，一声呻吟就从他身后飘来，传进了周南的耳朵里。还真有东西呀？周南也吓了一跳，赶快迎接着孩子，把孩子抱在怀里，这才小心翼翼地向后去察看。只见一丛高草后面，一个满头白发、衣衫褴褛的老人，正爬卧在草丛里，瞪大眼睛望着他们，嘴里不住地呻吟着，样子十分凄惨。

走近了，周南更是吓了一跳，因为她发现，老头子的一条腿上缠满了纱布，纱布里还渗出了血迹。周南吓得赶快后退了几步，她十分奇怪，因为这一带住的人，除了一些文化人，再就是一些政府机关的办公人员，而且，自己来了有一阵子了，周围的人也认得差不多了，从没见过这个老头子呢。

"你是什么人？怎么在这里呀？"周南问。

老人叹了口气说，呻吟着告诉她说，自己是河南来的，家乡被日本人占了，来重庆投亲的，但还没找到亲戚，自己就遇上空袭，被炸断了腿。因为无钱住医院，平时只能买些最便宜的药。今天上山来是想挖些治伤的草药的，但刚才从山坡上滚了下来，拐杖也弄掉了，因为伤腿实在疼痛，无法走动，只得暂且在这里休息一会，刚才是伤口疼得厉害，所以才忍不住叫起来。

看到老人家蓬头垢面，想想自己路上的遭遇，周南真有一种同是天涯沦落人的感觉。叹了口气，看到老人眼巴巴盯着她手里的菜团子，心想他可能是饿了，就赶快把手里的菜团子递给老人。老人也真不客气，接过菜团子就往嘴里塞，一边含泪对周南连连感谢，说自己实在是饿了，从早上到现在没吃过东西。

这情景让周南不忍再看下去，只得安慰了老人家几句，牵着张全的手赶快离开，走了几步，想想老头子这样子在这里，说不定会死去的，自己身上还有两块银圆，就掏了出来，塞在老人手上，就再也不敢回头，赶快牵着张全匆匆回家。

牵着张全刚走到门口，就听屋内十分热闹，像是来了好多人。进了屋，果然看到屋子里坐满了人，都是清一色的男人，大概有五六个。这些人中，除了哥哥和邻居尹教授，还有和哥哥交好多年的张友鸾她熟识以外，其他的她就不认识了。张伍大概早醒了，正被哥哥抱在怀里，瞪大乌溜溜的眼睛看着满屋子的人。看到她进来了，张恨水就给她介绍说，那个微胖的戴眼镜的就是他们的老板张铭德，其他几位就是同事赵超构、邓季握等。几个男人看到周南，都笑着夸她漂亮，开玩笑说张大才子也太有福气了。这倒让周南不好意思了，谦虚地对众人笑笑，为他们续上了茶水，然后赶快带着孩子们去找尹太太玩耍。

尹太太正在屋子里教兆琦唱儿歌呢，看到周南母子进来，赶快让他们坐。几个孩子到了一起，就不顾大人了，嘻嘻哈哈闹成一团。周南和尹太太低低说着话，隔壁自家的男人们的话也不时传进她们耳中。先是哥哥说报纸要办得深入人心，就得针砭时事，不能光为政府唱赞歌，也得揭露现世的黑暗才行。然后又听张铭德说："张贤弟说的是，办报不为民众说话，也没什么意思了。报纸不是只能服务政党，也要为民众发声，所以你们不用怕，出了事我担着，新闻要实事求是，文章要一针见血，一定要让民众从咱们的报中看到希望……"

听他们说完了报纸，又说起哥哥现在正写的书了，他们热热烈烈地说，哥哥写的什么《怒吼吧八路军》真够痛快，不过有些猛了，惹得政府有些不爽了呢；又说什么《游击队》和《桃花港》写得都不错，至少让人看到了反抗，鼓舞了制高点的士气呀……

这样的谈话，周南是第一次听到，她虽然是女人家，但跟着哥哥这么多年，也算是经历了一些风浪，所以听着他们的话，心里却并没有高兴，而是隐隐替哥哥担心：自古就有文字狱，哥哥是书生意气，不会看人脸色，也不会奴颜婢膝，文章写得太辣了，恐怕会让哥哥有麻烦呀！现世没有桃花源，人平安就是最大的好，哥哥可千万别出什么意外呀！

"周南，做饭吧……"正在担心，听得哥哥叫她，就知道是要留这些朋友们在家里吃饭了。她赶快走出尹家的房子，来到自家屋里，把孩子交给哥哥，自己赶快去做饭。周南手脚麻利，没多大会，就熬好了小米粥，又拾弄了几样菜，几个人就围坐在小餐桌上津津有味地吃起来。

"周南当年可是有名的金嗓子呀，弟妹，难得我们大家今天聚得这样全，你也唱支曲子助助兴，让我们也饱饱耳福吧。"张友鸾和他们家是极熟的，所以吃着饭就笑嘻嘻地对周南说。周南的脸腾地一下红起来，不好意思地说："要说今天都不是外人，我不能怠慢大家，可是这两天偏巧我喉咙疼得厉害，说话都难受，唱就更不行了……"

"唉，可真遗憾，下一次，你可一定得让我们欣赏到你的歌喉呀！"张友鸾遗憾地说，接着又向大家介绍说，周南妹子当年在学校里不但是有名的校花，还是学校里著名的金嗓子呢，如果不是嫁给了张贤弟，肯定就是咱们中华的大歌星了！

这话越发夸得周南不好意思起来，赶快抱着孩子躲出了屋子。

"妹妹，你不高兴了？"客人们走后，张恨水轻声问周南，他看得出她心里不高兴呢。

"心里是堵得慌，不过不是因为哥哥的朋友。是我看到现实的生活这样苦，哪里还有心思唱戏呢。"周南叹了口气，忍不住就把自己在树林里遇到老头子的事讲给哥哥听。其实这也是她的习惯，凡事都爱对哥哥说。除了同情老人，她也知道哥哥知道的事情越多，他写的故事就越好看。

"唉……时局混乱，民不聊生呀！"张恨水的心情也一下沉郁起来，叹息着说："可恨的小日本！都是因为他们的侵略，才使得中国的许许多多穷苦老百姓像咱们一样流离失所，甚至妻离子散、家破人亡！更可气的是那些高官权贵，整天的花天酒地，醉生梦死，何曾把老百姓的艰难放在心上呀……"

张恨水说着，显得非常气愤起来，声调也变得颤抖起来。"哥哥，别生气，就盼望着抗战赶快胜利了，咱们，还有天下人就不用再受苦了……"温柔的周南只能紧握着哥哥的手，轻声安慰他。他们只不过是普通的小老百姓，没有枪也没有部队，除了愤慨，还能做什么呢！

"百无一用是书生呀！不过，就是书生，也要把心中的愤怒吼出来呀！"哥哥忽然激动起来，对她说："妹妹，我不是将军，我不能上战场，但我有笔呀，我的笔就是枪，我可以揭露他们的画皮，我也要把他们的无耻写出来，把穷人的呐喊写出来！"

"好的哥哥，我支持你，可是你也要注意安全呀，现在这世道，毕竟太乱了……"周南说，和哥哥生活这将近十年，她太清楚他了，他就一个书呆子，说话直来直去，这性格，不定什么时会给他带来麻烦呢！

"不怕！妹妹，这些天我也一直在构思呢。你这一路跋涉，历尽了千辛万险，甚至险些丢掉了性命。还有你今天遇到的老伯，还有好多好多的人，都因为战争流离失所，都因为战争家破人亡，我要把这种苦难写出来，让大家都看到……名字我想好了，就叫《蜀道难》，你看好么？"

在和哥哥的生活中，周南早已经不是一个小鸟依人的弱女子了，她除了是哥哥最好的读者，有时也是哥哥作品的参与者了，而哥哥的构思也让她欣慰，她握着哥哥的手，真诚地说：

"哥哥，我是真心地支持你！你写吧！写出来一定会好看的！"

当晚，在"待漏斋"的油灯下，张恨水开始了他的新作《蜀道难》，就如他说的，他要把老百姓的苦难写在纸上，让人们知道战争的可怕，让人们都行动起来，赶跑侵略者。

夜深了，张恨水还没有休息，仍在奋笔疾书。在他的书桌旁，周南默默地坐着，一边为他打着扇，一边翻看他的《夜深沉》。这部小说是哥哥新写的，书中的月容让她深感叹息，这么美的女孩子，却最终不能和心爱的男人相伴一生，辜负了爱她的男人，也辜负了自己这一生的为人呀！虽然已经看过好几遍了，但每拿起这本书，她仍是初读一般，深深沉浸进去。书中的二和，那么善良，那么真挚，和现实中的哥哥多相似呀！

终于，周南的手腕发麻起来，看一眼仍沉在创作中的哥哥，她轻轻放下扇子，来到院子里，舒展一下腰身。望着黑漆漆的夜空，想起远在老家的长子二水，周南暗暗长叹息一声：战争，让亲人离散，也撕碎了美好的生活，赶快抗战胜利吧，只有和平了，才能重新拥有幸福宁静的生活呀！

耻用人间造孽钱

转眼，就到了冬季，日子就如门前那条小溪，永远不知疲倦潺潺地向前奔流。生活也依旧是一如既往的清贫。所不同的是，经过半年多的打磨，周南变得和初来时简直判若两人。

为了在艰苦的环境中，让家人生活得更好一点，她不由自主地改变着自己，因为差不多每天都要吃野菜，她现在手巧得很，能把各种自己上山挖来的山菇和各种野菜，做出十几种味道的花样菜。而且，她还和尹太太商量着，在门前屋后开辟一些小块地，依季节种上了各种菜蔬，这样，即使在山上挖不到野菜，家里种的也可以让餐桌上的菜肴不断变换花样。

因为没有多余的钱经常买些鸡呀肉呀的，她还学会了养鸭养鸡，夏天的时候，她折了许多手腕粗的树枝，在房后扎了一个二丈见方的小栅栏圈子，然后买来了几只鸡鸭，养在里面。不过回报也算丰盛，现在这些鸡鸭都开始下蛋了，这样，他们的餐桌上除了自己挖来的野菜，也时常会有炒得喷香的鸡鸭蛋，这让孩子们十分欢喜，却让张恨水有些惭愧，歉意地对周南说："妹妹，让你受苦了……"

"不苦，哥哥看我结实了许多呢……"生活是苦的，但要学会苦中作乐，这才是聪明和智慧。周南已经学会了在苦中把生活往甜美里打理，而且，也习惯了这种清苦，所以听到张恨水不安的话语，反而呵呵一笑安慰他说："你看，我的胳膊还比来的时候粗了些呢！身子也健壮了呢！嘻嘻，人家不是说么，嫁鸡随鸡，嫁狗随狗，几根扁担挑着走，呵呵，哥哥是才子，比扁担好得多了，周南很知足呢！"

周南的话让张恨水更加愧疚，来到这里后，妹妹是受了许多苦的，她的手上结了茧，细嫩的皮肤也变得粗糙了，身上的衣服上也打着补丁，一眼看上去，还真像个土生土长的农妇！

张恨水望着周南，心怜惜，是心疼，觉得妹妹跟自己受了许多苦。但周南望着张恨水，却是欣赏，是爱怜，因为在她眼里，哥哥不但是个才子，还是一个有气节的男人，这一点尤为让人敬重。虽然他性子直，是个典型的书呆子，但他却也是一个真真正正有气节的男人！依哥哥的才气和名气，如果他想捞钱，那是容易得很，但他却不肯用那些不干不净的钱，他要凭自己的血汗挣干干净净的钱。

在她刚来到这里没几天时，就曾有一个商人找到家里，说是想请哥哥为他写传记，并说如果完成了，会给哥哥一大笔酬金。当时，周南听着觉得这事可干，哥哥不就是写书的么，人家给的酬金比写书要轻松得多呀，但哥哥却一口拒绝了。商人走后，周南遗憾地说："有点可惜呀，如果写了，抵得上你上班好几年的收入呢！"

"你知道什么，国难时期，有些商人投机倒把，大发国难财，这些人我看着就烦，还有心情去为他们歌功颂德么?!"哥哥当时就责备她说。

周南这才明白，哥哥是打心眼里看不起这些人的钱，嫌他们的钱脏呀！哥哥就是这般有骨气，就是饿着，也不向这些人低头，不去挣他们的肮脏钱！而在周南的记忆中，这样的事哥哥拒绝的多了，他不但不为人写传，就是那些当官的或者权贵们邀请他去当官，他也一概拒绝。他说，凭自己的笔写字挣钱是干净的，而一旦当了官，就会变质，就会没良心，花那样的钱一辈子都不安！

拒绝过商人没几天，张恨水家里又来了重要的客人。那天，周南正和韵岚在收拾她们的小菜地，就听到"嘟"的一声，一辆黑色轿车停在了他们家门前，接着从车上走下来一男一女两个客人。两人穿戴得相当考究，径直向张恨水家里走去。周南和韵岚望着来人，顿时吃惊不小，因为她们发现，那男人不正是蒋总统么? 不明白发生了什么事，周南丢下韵岚就赶快回到了屋子里。只见哥哥当时正在写字，看到客人来了，不亢不卑地站起来和他们打招呼，周南听着哥哥说话，才明白来的两个人果然是蒋介石和夫人宋美龄。周南默默地端上茶水，听蒋先生说是特地来拜访哥哥的，这才放下了心，赶快带着孩子来到韵岚家里，好让哥哥和客人静心谈话。

周南和韵岚刚说了一会话，就听到哥哥在屋里送客的声音，说："二位慢走……"然后看到蒋先生和夫人走出屋门，告别而去，但却未看到哥哥送出门来。

"你家哥哥好傲气呀！"周南来了之后，韵岚也跟着周南称张恨水为哥哥，两个女人在屋子里听到张恨水跟客人的道别声，韵岚笑着说。

周南只得笑了一下，在她的印象中，哥哥是有热情的，但只对他喜欢的人，那些当官的和权贵们，虽然他们有权有势，但哥哥却从不畏惧他们，从骨子里傲视他们。

晚饭的时候，哥哥告诉她，今天蒋介石和夫人是来山上游玩的，听说张恨水住在这里，所以特地来拜访，并说如果哥哥同意，可以到政府部门任职，境遇要比在这山沟沟里强得多，但是哥哥拒绝了，哥哥对他们说，自己只是一介书生，不会做官。而且，去当官会被束缚手脚，自己习惯了自由，过不得那样的生活。

"他可是总统呀，你就这样拒绝了？也不怕得罪了大总统，人家小拇指晃动一下，就能寻你的茬暗中整治你呢……"看着哥哥平平淡淡地诉述，周南故作惊讶地开玩笑说。

"不喜欢就不去，要挣钱就干干净净地挣！一入官场，人就会变质，反正我是不怕的，我就一个人，一颗脑袋，他还能怎的呀！"张恨水哈哈一笑说。

周南也不由笑起来，因为她知道，哥哥的脾气看似很温柔，却偏得很，他不情愿干的事，真的就是杀了他也不会屈服。哥哥自幼出生于武行世家，从祖父到父亲，留给他的遗产就是正直、清白。他要用自己的劳动所得换取自己的生活费用，既不羡慕别人的官场所得，也不嫉妒那些昧心之财。

记得几年前在北京时，哥哥的名气是何其大呀，那么多的达官贵族，都以结交上哥哥而荣耀，时常派人去请哥哥赴宴，甚至要和他做朋友，但哥哥一概拒绝，哥哥是要清清白白做人，干干净净做事，不让一点污垢留在心间。

有一年，少帅张学良和赵四小姐到北京游玩，特地来府中拜访哥哥。其实在这之前，张学良就和哥哥已经认识。初到哥哥身边时，有一次去拜访老夫人，家人和她聊天，就说起张学良和哥哥第一次相识之事。那是几年前，时值哥哥的《春明外史》风靡全国，远在奉天的张学良听人说这本书很好，就买了一本看，他一眼就看透了哥哥借着文笔在书中对北洋军阀政府的揭露和谴责，虽然有些不爽，但对哥哥的文才却十分欣赏，所以借着一次到北京的机会，特地到府上拜访。来到府中，张学良和哥哥谈得十分投机，两人也从那时成了知交好友，平时多有书信来往。

两位老友相见，畅谈之时，张学良就善意地对哥哥说，凭写书肯定挣不了多少钱，想邀请哥哥出任他的秘书，总比写书要强得多吧。但哥哥立马拒绝，哥哥对张学良说："我一介书生，除了会涂抹两笔，写写书，政府呀军事呀一概不懂，所以不能胜任。"委婉地拒绝了少帅的盛情。

此后，少帅也曾屡屡邀请哥哥出任官职，都被哥哥拒绝了。后来，哥哥为写出更贴近民众生活的作品，曾到西北考察，还特地去拜访了张少帅，两人彻夜长谈，哥哥把一路见闻，尤其是民间疾苦的事情都讲给了少帅听，听得少帅连连点头。临行之时，少帅握着哥哥的手依依不舍，再次邀请他出山做官，说："以君之脾性，如若出来做官，必定是位清官，但你这样清高，却苦了一方百姓。"哥哥一笑，当即在少帅的一把扇上题诗明志：

> 少帅情深请出山，书生抱憾欠心安。
> 安前燕子呢喃语，懒逐春风度玉关。

这些年来，当官的机会不是没有，哥哥若是品性稍微差一点，也早出山几回了。他是坚守着心中的圣地，要留清白在人间呀。这些，她不是不懂，所以她也从不像别的女人那样，盼望哥哥去当官什么的，就这样写字、平静生活，这已是人间最美的情和景了。所以，每一次，不管哥哥做什么决定，即便她嘴上不说，心里也是一直支持哥哥的。

转眼，离年关就近了，周南是第一次在这里过年，这里的冬天虽然没有北京的寒冷，但棉衣也是必不可少的。周南打算过年时候为家人添置新衣，但看看手里的钱，盘算来盘算去，也仅只够给两个孩子做件新棉衣。这天吃过晚饭，周南就拉过孩子，用手在孩子身上比划着量尺寸，准备明天去市里扯来棉布，好给孩子做棉衣。

"我就说妹妹越来越能干了，你还会做棉衣？"听说要给孩子做棉衣，张恨水满脸的惊奇，也满脸的敬佩。因为在从前，这些活大多是孩子的外婆做的。来到这里后，周南真是不断给他惊喜，她不但自己学会了种菜、养鸡养鸭，现在竟然还学会了做棉衣？"真是士别三日，当刮目相看！"张恨水故作惊喜地说。

周南已经量好了张全的身子，正在给张伍量，听了张恨水的话，嘿嘿一笑说："哈哈，你说这话可不就是管中窥豹了！你现在才知道我会做棉衣呀？告诉你吧，你所知道的，只是冰山一角……"

张恨水听妹妹这话中有话呢，不由得来了兴趣，笑着问她："这话说来，好像我对你竟然十分不了解似的，你倒是告诉我，你还有什么事情或者本事我不知道的？"

周南抬起头，嘻嘻一笑，伸出一只手在脸前摇了摇，神秘地说："不可说，不能说，到了你就知道了！"

"什么事，还搞得这样神秘！"周南神秘的神情更让张恨水想知道真相，他于是转向张全问道："宝贝，你告诉爹爹，是什么事情你妈妈瞒着我呢？"

可是，一个孩子家，哪里会知道妈妈的秘密呢，所以不管张恨水如何问，张全却只是瞪着两只眼睛扑闪闪地说："妈妈说，过年了要给我穿新衣服！"

"这个我知道了，还有秘密没？"张恨水再说。

"妈妈说，柜子里的菜不让吃，说爹爹晚上写字累了好做夜宵吃……"张全认真地说。张恨水不由苦笑了，这孩子怎么就记得吃呀穿呀的，说来说去，都是他知道的一些秘密。看问不出来，张恨水只得假装悻悻地去写字，嘴里还嘟囔着说："乖乖呀，现在我成了外人了，你们母子倒是一气的，什么都瞒着我了！"

但不管他怎样假装生气，周南都沉得住气，就是不告诉他。

第二天一早，张恨水上班以后，周南赶快把家里收拾了一番，然后把张全交给韵岚，托她照看一会，自己就抱着张伍向市里赶去。来到市里，周南转了两三家布匹行，一番讨价还价，终于买好了两个孩子做棉衣需要的布料。跟着她跑了这么久，张伍就嚷嚷着饿了，其实周南也饿了，但看看手里的零钱，她也只舍得给孩子买几个点心，然后就抱着孩子匆匆向家里赶，想趁早到家，还要做午饭呢。

下午的时候，张恨水说不用去报社了，就赶快伏在书桌旁写起书来。周南哄睡了张伍，就让张全去找兆琦玩，然后自己赶快找出剪刀，把买来的布料铺在床上，就势裁剪起来。正忙碌着，只听一声招呼道："哟，嫂子好巧手，在给孩子做棉衣呢？"周南抬起头，只见尹教授和杨老师正走了进来，于是笑着赶快站起来招呼道："咦，今天这么巧，你们俩一起来……"

"是呀，今天不上课，本来说和韵岚上市里去玩的，怕天黑赶不回来，就干脆约了杨大哥来找张兄侃侃……"尹教授笑呵呵地说。看来他今天心情很好，笑得这样开心。

"尹兄弟有什么喜事？这么高兴？"周南看他笑得开心，于是笑着问。

"唉，这喜事，比起抗战就差远了，就是今天领薪了。在抗战前，我的薪水能养活一家人，现在，领了薪水也不敢去买其他东西，仅仅够一个月的米面钱……"

周南听了，就笑不出来了，因为早上还听韵岚在抱怨说，老公已经三个月没领薪水了，家里都快揭不开锅了呢。所以就说："这是好事，刚好要过年了，赶快让韵岚妹子和孩子做身衣服好过年。"

"还做什么衣服呀，省了吧，大家都一起苦了，来这里一年多了，他也没舍得添衣服呢……"周南的话音刚落，韵岚就牵着兆琦的手走了进来，接着话说："这世道，真是要饿死人呢，就这一点点的钱，真的是捉襟见肘。"

家家都是如此，自己和哥哥不也是过年没舍得添一根线么，所以听了韵岚的话，周南也只好苦笑一下，劝慰说："国难当头，咱们也都只好简省着了，好在，苦日子总有过完的时候，等抗战胜利了，咱们再好好地奢侈一番，到那时再好好地做几身衣服！还要给孩子买吃不完的点心、肉！"周南的话让满屋子的人都笑了起来。生活的清苦，让人们无所期盼，而什么时候能穿得好、吃得美，也就成了生活中最大最美的愿望了！

"咱们苦，有人不苦，那些当官的、卖国的都过得好！"杨老师听着大家说话，早忍不住了，愤愤地一指对面的山坡说："这世道也太不公平了，都是一样的国民，看看咱们住的、吃的、穿的，唉，还是堂堂的国学教授呢，跟个叫化子差不多，再看看他们，骄奢淫逸什么事做不出来。咱们吃的是野菜加粗粮，就这还吃不饱，住的是茅草阁，一年四季漏雨水，看看对面那房子，又豪华又威严，却根本不住人，这不就是奢侈和浪费吗……"

"这也只是冰山一角，且不说有多少富豪权贵醉生梦死，就是些当权派、掌政的，也都是骄奢淫逸，每天不是派对就是盛宴，只记得自己享受作乐，哪里真正想到国难和民不聊生呢！"张恨水也生气地说。

周南叹了口气，没说话，只忧郁地望了一眼对面的山坡。对面山坡上，是一幢豪华的别墅，建造的富丽堂皇，像一座皇宫一般。刚来的时候，哥哥就对她说，那别墅就是孔公馆，是孔祥熙用来避暑和防空袭的。但自己来了这么久，几乎没有见到过传说中的孔祥熙来这里居住，偌大的别墅里听说只住着几个看门人。

"还不是浪费的国家的钱，还不是没用自己的钱修建，娘的，国家早被他们四大家族瓜分了！"尹教授也不平地说。但他们终究是几个书生，面对不平和腐败，除了愤怒几声，还能做什么！

其实，对面山上，除了孔家的房子，还有许多权贵在这里修的别墅，一边是奢侈到浪费，一边是穷困潦倒衣食不周，两个山坡，形成了鲜明的对比。张恨水也早就对这种现象心中不平，但他也只能用笔声讨，把不平的事写进故事里。因此，听了大家的愤慨，他一边劝大家消消气，一边忍不住吟出两句联来："闭门自停千里足，隔山人起半闲堂。"

"啪啪啪啪……"张恨水话音刚落，杨老师和尹教授就哈哈笑着拍手道："好联！好联！张贤弟真是一针见血，哈哈，这联应该让蒋先生看看，看看他的大臣们都是如何支撑国难的呀……"

几个人说得起兴，一直侃到天色黄昏，周南便要去做晚饭。尹教授道："嫂子就别做了，今天大家高兴，我做东，咱们去撮一顿去……"

知道尹教授不容易，张恨水赶快道："算了，你孩子衣服还没买呢，还是我来做东吧，刚好我今天收到一笔稿费，够大家撮的!"

一听说出去吃饭，几个小孩子早就跳起来往屋外跑去，嚷嚷着要吃卤肉、还要吃饺子……周南听得又好气又好笑，怕他们摔了，赶快追上孩子牵着他们的手一起走。几个人就在离家不远的大路口的一家小馆子，要了几个菜，杨老师和尹教授又要了半斤酒，大家一边说话一边吃饭，一直过了一个多小时，这才慢慢往家赶来。

回到家中，周南正要开门，却不由惊叫起来："不好了哥哥!"

"怎么了……"跟在后面的张恨水不明白发生了什么事，但听到周南声音里的焦急和恐慌，也顿感不妙，一个箭步赶到周南身边，连连问她怎么了。周南还没回答，只听韵岚也惊叫起来："天哪……遭贼了……"

"是呀哥哥，肯定是进了贼了，咱们走的时候，我明明把门锁好的……"

周南说着，早已进了屋去，划着火柴，点亮了油灯。张恨水一听两人都说遭贼了，心里也一惊，赶快抱着孩子进了屋，只见屋子里一片狼藉，锅碗瓢盆被扔得乱七八糟，他的书桌上和床铺上也被翻得凌乱不堪。

周南早吓坏了，一边疯狂地拨拉着凌乱的东西，一边嘴里不停地叫着："天哪！这可恶的贼！我给孩子裁好的棉衣呢！还有昨天刚买回来的米呢……"看到妈妈这个样子，两个孩子吓坏了。张恨水此刻也出了一头冷汗，赶快放下孩子检查屋子，发现自己的东西倒没丢什么。他稍微放下一点心来，也暗自庆幸，幸好今天刚取回来的稿费是装在身上的，如果放在家里，肯定也会被贼搜刮而去的！

"嫂子，我们家可真惨了……"韵岚叫嚷着跑了过来，对周南说："我的那件绿大衣没了，先生的那套西服也丢了，这下可糟了，他以后会客可怎么办呀……"

唉，真是可恶的贼。周南气得咬牙切齿，但也毫无办法，尹教授的西服，她是知道的，衣服角上早磨得白花花的了，但尹教授一直没舍得扔，因为没有钱买新衣服，他那衣服就是招牌，每每待客、去学校上课，都是要穿着的，这下好了，全完了。

忽然，周南像想起什么，匆忙端起油灯，向房后奔去。张恨水不明白发生了什么事，赶快跟着赶到后面，只见周南早已跳进了鸡舍里，举着灯在察看什么，然后听到她放心地长吁了口气说："幸好没有把这宝贝给偷走……"

"妹妹你疯了？"张恨水赶了过去，因为周南跳进鸡舍，早把几只鸡鸭惊吓得四处乱扑腾，咕咕嘎嘎狂叫起来。

"看猪呢，幸好没被偷……"周南说着，声音里透着惊喜，而这时，张恨水才看到，天哪，只见在鸡舍的墙角下，正卧着一只半大的猪仔，看到有人来了，也吓得惊跳起来，望着来人嗷嗷直叫呢。张恨水平时只知道妹妹养鸡养鸭，没想到鸡舍里还有一只这么大的猪，顿时惊愕得嘴都合不上了，惊讶地问："这是哪来的？咱家怎么会有这东西？"

"嘿嘿，吓着你了吧！告诉你，这是我养的！"周南看猪还在，大放了心，一边从鸡舍里跳出来，一边得意地告诉哥哥。因为看到家计艰难，而孩子们又正长身体，哥哥也是常年写书劳累，都需要营养，但又实在没有钱去买肉食，她就脑子一转，在买了小鸡小鸭后，又省吃俭用买了一只小猪仔，寻思着养到过年就能杀了吃肉了。虽然是养猪，但家里也没东西喂它，所以每天早上就把猪仔赶到后山，让它随便吃山上的野草，晚上再把它牵回来。养了这几个月，幸好今天没被贼偷走，虽然衣服偷走了，但孩子们总算还有肉可以吃！

"哎，妹妹！我真是佩服你了，你太能干了……"惊讶万分的张恨水，也只能感叹着说出这么一句感激的话来了。

那一年，张家和尹家虽然都遭了贼，孩子们也没能穿上新衣服，但周南养的这只猪却救了大急。几天后，周南在村子里找了一个杀猪的，把猪宰了，送了几斤肉给尹家，两家欢天喜地过了年，而周南到重庆后的第一个年，就在又悲又喜中过去了。

以笔做枪斥现实

转眼间又到了张恨水的生日，这天，周南一早就起了床，收拾完家里，又喂了鸡和鸭子，就约上韵岚一起去集上。家里好多天没吃过肉了，但在哥哥的生日时，一定得做样肉菜庆贺一下。另外哥哥昨晚也说，今天要请杨先生来家里吃顿饭，要她多做两样菜，也算给杨先生补一下身子。

"唉，你说人要倒霉了真是买两盐也要生蛆呢！杨先生也太可怜了，昨晚他的学生又来看望他了，一直闹到深夜才离开呢……"

杨先生的房子离韵岚家近，所以杨家了什么动静，韵岚总是听得很清楚，两人刚穿过小桥走上山路，韵岚就对周南说。

提到杨先生，周南心里也不由得叹了口气，她觉得杨先生真是太倒霉了，一个本本分分的教学先生，竟然被打断了腿，真是可气！杨先生的腿是一个月前被打断的，在家休养了一个多月，已经稍微好些了，可以下床活动了。至今，想起一个月前杨先生的腿被打断的情况，周南心里还是不由自主地惊慌。那天下午，杨先生被他的学生们抬着送到家来，他浑身上下全是血迹，像个血人一般，他的伤腿只是略微包扎了一下，躺在床上不停惨叫。这情景真把大家吓坏了，俗话说远亲不如近邻，闻讯赶来的张恨水和尹教授赶快去叫了医生，来给杨先生仔细检查好，又给他包扎一番，然后留下了一张药方这才离去。

处理完了这些，一旁照顾杨先生的学生们才含泪告诉了大家杨先生被打断腿的经过。

原来，杨先生这番遭难，全跟他的学生有关。在杨先生的学生中，有一个学生叫梁运来，也是杨先生的老乡，都是东北人。虽然是师生，但两人更像父子，杨先生但凡做了什么好吃的，必定要约梁运来来家里吃，而梁运来心中有什么事，也对杨先生毫无隐瞒。梁运来是个激进学生，因为看到家乡沦陷，而大后方却花天酒地，不积极抗战，所以心中对当局十分不满，经常在学生中宣传抗日言论。梁运来的行为让学校十分不满，经常提醒杨先生要注意梁运来的言行。但杨先生知道梁运来是热血青年，所以也从没把学校的警告放在心上。

那天，在梁运来的宣传下，他们班上几十个不满现状的学生决定到街上去游行，说要督促政府加大抗日。学生们商议在街上游行过后，再去中山陵，然后再到教育局去请愿，要他们明确答应他们要抗日，不要当亡国奴！

正在上课的杨先生闻知消息，扔下正在上的课就赶来拦住了他们，劝说他们回去。他劝梁运来说，你现在只是个学生，拯救国家是政府的事情。你现在的任务就是学习，强国先要强自身，等你学习好了你再说爱国行不……

"老师！你不要阻拦我！我的家乡已经被鬼子霸占了，我的父母也被鬼子炸死了，国仇家恨不能报，同胞的鲜血在流淌，我是一个热血青年，我能有心坐在这里学习么?!"梁运来紧握着拳头，声泪俱下地说。

杨先生不由得长长叹息一声，他焉能不知，看到难以阻止学生，他也只得嘱咐他们一番，让他们注意安全，别闹得太大影响，以免不可收拾，惹恼了当局，殃及自身的安全。果然，下午放学时，几个学生慌乱地跑进了学校对他大叫道："杨老师……不好了……不好了……"

杨先生顿时觉得一阵天旋地转，他觉得自己的预感应验了。

几个学生断断续续地告诉他，原来，他们十多个学生在中山陵游行过后，就又来到教育局门前静坐，要求教育局的主要领导出面答复他们，要上书政府让他们积极抗日。但学生们的一腔热血，没能等来教育局长，却等来了一群身穿警服的警察，他们不由分说，一拥而上，挥舞着警棍，把学生们打得顿时逃的逃、散的散，几个坚持不动的，就被他们像捉小鸡一样给塞进了警车。而领头人梁运来自然逃不过厄运，被塞进警车之时，也被打得头破血流。其他的学生一看不妙，仓皇而逃回来报信。

杨先生一下就懵了，他二话没说，就向教育局赶去，希望向教育局长求情，放了学生。但当他赶到教育局时，早已是人去楼空。他不甘心，又来到教育局局长家里，希望亲自为学生求情。但当他来到教育局局长家里时，却被堵在了门外，佣人告诉他，教育局长到城里的"玫瑰红"歌舞厅去跳舞了，不到深夜是不回来的。

　　心急如焚的杨先生不甘心，按着佣人提供的信息，又马不停蹄地赶到"玫瑰红"歌舞厅。但他一个穷教书的，根本就没有钱进到里面。杨先生又气又急，不由得在舞厅外破口大骂，提着教育局长的名字骂他们这帮王八蛋，现今国难当头，他们却用民脂民膏荒淫无度……

　　杨先生骂的真不客气，霎时吸引了许多过路的行人，有说他是神经病的，也有说他是疯子的，还有拍手赞叹他是个有良知的中国人的，顿时就把"玫瑰红"歌舞厅前围得水泄不通，车马不能通行。

　　杨先生本想以此逼出温柔乡里的教育局长，但就在这时，突然出现了让人意想不到的事情，只见歌舞厅里霎时冲出几个蒙面人，他们不由分说，揪住杨先生就是一顿拳打脚踢。一个柔弱的教书先生，哪里是一群虎狼的对手，没过几分钟，杨先生就倒在了血泊中。几个好心的市民将杨先生送进了医院，因为他身无分文，当值的医生也只是胡乱给他包扎了一下，就让他出院。幸而他的学生们找到了医院，这才把杨先生送回了家。

　　杨先生受伤以后，张恨水和尹教授还有他的学生们一起到警察局报了案，但时间过了一个多月，警察局却一直没有抓到凶手。张恨水在上班之时，也去询问过几次案情，警察局给的答复是：打人的既不是舞厅里的人，也不是当地的小混混，可能是来自其他地方的流犯，因为没有他们的信息，所以一直没能抓到凶手，请他们耐心等待……

　　周南深深叹了口气，其实，杨先生的遭遇大家都心知肚明，这事绝对跟教育局长脱不了干系，但社会黑暗，他们除了替杨先生叫屈，也无可奈何。可怜杨先生一个文弱书生，凭白受了这股子气，至今冤情却还得不到昭雪。

周南和韵岚买菜回来，只见杨先生、尹教授，还有其他几位平时走动得勤快的邻居，正在自家茅屋里聊天，她一刻也没耽误，赶快开始洗菜做饭。张恨水是个低调的人，他只说请杨先生和邻居们来家里坐坐，庆贺杨先生伤情恢复，所以大家也并不知道今天是他生日。看到周南匆忙去做菜，尹教授还笑呵呵地打趣说："嫂子，你做菜是招待我们的么？"

"是呀，杨先生的腿伤快好了，大家心里高兴，我就为大家做顿好吃的，大家一块高兴高兴还不行么？"周南也笑呵呵地回答说。

"当然高兴，嫂子的手艺那是有目共睹，不吃要后悔一辈子的。"尹教授说到这儿，就对正在玩耍的孩子说，让他去告诉母亲，今天中午不用做饭了，一起在张伯伯家里吃，并让韵岚把家里珍藏的那瓶杜康酒拿来。周南也不管他们怎么打算，自己赶快手脚麻利地做起菜来。主食是一大盆小米和大米混一起的蒸米，因为人多，周南还特地端出了自己昨天蒸好的两大盘馒头。菜就显得丰盛多了，炒了两样肉菜，外加四样碧绿的青菜。因为要在张家吃了，韵岚也把自己准备的午饭端了过来，两家和成一锅，各色饭菜还有一瓶酒摆在桌上，在这饥荒的年代，倒显得异常丰盛了。十来个人满满围了一桌子，有滋有味地吃了起来。

席间，韵岚和周南只顾着给大家夹菜，照顾孩子们，男人们的话题则离不开当前的形势，而说着说着，竟然又扯到了杨先生的伤情事上，杨先生的脸色霎地黯淡了下来，放下了手中的筷子，忧郁地说："这世道真不让人混了！恨得人咬牙切齿！"

"杨先生别忧愁，好在你的伤已经好起来了，人逢乱世，先求一个平安也是不容易的……"看到杨先生烦恼，张恨水赶快安慰他说。

"哪里有平安呢！在沦陷区我们是亡国奴，在大后方我们也不能直起腰杆来舒口气，倒变成犯罪人了！爱国有罪，这还有天理嘛！"杨先生越说越气愤，眼中也忍不住落下泪来。看到杨先生难过，尹教授才悄悄告诉众人，昨晚杨先生的学生来看他，也给他带来了一个不好的消息，梁运来的事情警察局已经定性，说他是煽动学生闹事，说要交由法庭处理，可能还会判刑……

一桌子的人顿时叹息无语，满桌的菜，大家也没有心思再吃下去。

周南一看大家心情都不好，也不敢说什么，只劝着大家放宽心，先吃饭再说，但其实她的心里也并不轻松。这日子太让人揪心了，不愉快的事情太多，就拿昨天来说吧，她正和孩子在山上挖野菜，突然又传来空袭的警报声，吓得她拉着孩子飞快地往防空洞里跑，没想到匆忙中一下扭伤了脚腕，到现在一条腿还发疼呢！

她不由得长长叹了口气，每天粗茶淡饭倒也罢了，这每天提心吊胆的也真让人难捱呀。

因为心情不好，这一顿饭大家吃得索然寡味。杨先生因为不痛快，就多喝了两杯，回去的时候已经瘫软如泥，根本没办法走路，尹教授便和几个邻居把他抬了回去。送完了客，周南以为哥哥要像往常那样，赶快坐到书桌前去写字，没想到哥哥却说："咱们，去走走吧……"

看着满脸愁绪的哥哥，周南顿时心里清楚，哥哥是心里烦透了，烦得没有心思再坐在桌前写字了。她真心不想哥哥不愉快，牵着哥哥的手，两人走过小桥，来到山路上，沿着山路向山上走去。每次哥哥想散步的时候，周南都陪着他在这条路上走，她知道哥哥的心思，其实散步也是在搜集素材。因为每每在走路时，会遇到山里的山民，哥哥就爱停下脚步，和他们侃上一会，听听他们说的话，有时候就是很好的故事。

周南想让哥哥尽快开心起来，就挖空心思想着一些有趣的事情讲给哥哥听，说起那天去买菜时，突然遇到空袭，大家顿时都没命地跑起来，偏巧这时有一个胖老财，拎着一笼鸭子也在街上走，一看大家都没命地逃窜，他也赶快飞奔起来。但越着急越出错，一跤摔在地上，小鸭笼也顿时压坏了，黄澄澄的鸭仔跑了一路，胖老财急着逃命，又怕踩到自己的鸭子，急得他张开双臂在街上大跳，拼命地叫："哎哟我的鸭子呀！哎哟我的鸭子呀！"惹得逃避的人也不顾逃命了，都望着他直笑。

"如果不是战争，大家都能好好地生活，哪里有这么多的忧伤和忙乱呢……"听着周南的故事，张恨水不由得苦笑了一下，喃喃地说。

"是呀，战争太可怕了，战争让人都变成野兽了。"周南又想起那天和韵岚在一起说话时，听到的故事，说就是这山村中的，有一户人家，家里有几间闲房子，因为逃到这里避难的人多，大家都去租他的房子。为了多租些房子挣钱，他竟然把他老妈也赶到了鸡棚里，和鸡住在一起……

这个故事不好听，张恨水听着，不由得握紧了拳头，生气地说："这就不对了，怎么能这样对待父母呢！这样对待父母，忘记了父母的养育恩情，简直无异于禽兽了呢！"

"可不是呀，所以村里人都在笑话他，就把这当成笑话传了好远呢。"周南也叹息着说。

两个人一边说一边走，突然，一阵刺耳的警笛声从身后传来，周南吓了一跳，赶快拉着哥哥的手往路边躲避。警笛声吓得她心脏怦怦狂跳起来，还以为什么地方又死了人，或发生了什么案情吧。两个刚刚站在路边，几辆警车就尖叫着冲了过来，风驰电掣般贴着他们的身子呼啸而过。周南心神还未定，就听到哥哥惊叫一声，松开了她的手，唰地向路对面奔去。她这才看到，就在警车驶过之时，前面有一位正行走的山民，像是被车撞上了，正滚在山路上。

张恨水一个箭步奔到山民身边，弯腰扶起他，又蹲下身子检查他是否被车撞上了。老人显然受了惊吓，说话也结结巴巴的，感激地对张恨水说："谢，谢谢你呀，这年头，还有好心人……"

这时，警车也停了下来，从车上跳下来两个警察，周南以为他们是下来察看老人的伤情的，没想到他们一跳下车，先是看了看自己的车子，然后一边往车上跳，一边扭回脸对着老人怒骂道："你他妈的死不长眼的，不想活了你！不好好待在家里，想要被鬼子的炮弹炸死呀！误了我们的公事，有你的好看……"一边骂，一边呼啸而去。

老头子气得浑身哆嗦，气得指着车子说不出话来，半晌才喃喃骂道："娘的，什么公事呀，老百姓的命就不是命！"

"就是，就是，真他妈的没良心。"刚才的车祸，让几个路过的人围了过来，纷纷指责刚才警车的无礼。

"唉，国难当前，时局不稳，这些混蛋王八蛋们却只顾自己吃喝享受，哪里把老百姓的死活放在心里呀……"周南叹了口气，她真的无语了，因为在乱哄哄的议论声中，她才明白，刚才那辆警车根本不是去执行什么公务，而是专去为孔二小姐开道的，好让她去城里理发。孔二小姐现在住在山上，但她每周都要到城里去美发，担心山路狭窄，她的车子在行驶中被村民挡路，所以每次都要派几辆警车为她开道，她说有警车开道她的车就能快点开，既能防备日本人的空袭，也不浪费时间。

"无耻！"张恨水气得愤愤地骂了一句。

"哥哥，咱们回去吧，我的脚也走累了……"周南赶快挽着张恨水的胳膊说，本来出来散步是想让哥哥心情好的，没想到遇到这件事，哥哥的心情更糟了。

张恨水真的心情不爽，回到家中仍是满腹气郁，坐在桌前半天不能进入状态，越想心里越气，不由拿起笔来随手写了一首诗：

> 荒村细雨掩重霾，警报无声笑口开。
> 日暮驰车三十里，夫人烫发进城来。

周南为张恨水送过一杯浓茶来，这是他每次写作时必须的饮品，放下茶，周南一眼看到哥哥刚写的诗，拿起来一看，不由扑哧一声笑起来，说道："哥哥这诗写得形象，只是太辛辣了，如果被他们看到了，心里又要恼恨哥哥了！"

"不平事太多，看到不说出来我堵得慌。反正写了就不怕，我就一个脑袋，一个人，无官无职，他们还能把我怎么样……"张恨水坦然地说。

话音刚落，只听门外一阵急促的脚步声传来，接着挚友张友鸾的声音急急地传来："恨水兄，出大事了……出大事了……"周南的手抖了一下，手中的诗稿也掉落在地上，不知道又发生了什么大事！

张恨水也赶快起身迎客，张友鸾一步跨了进来，抹着头上的汗说："出大事了，震惊国内外……"张友鸾带来的真是一个坏消息，并且是一个震惊中外的坏消息。

原来，1939 年 6 月 12 日这一天，国民党驻扎于湘鄂的第二十七军，突然包围了驻扎于湖南平江县加义镇的新四军通讯处，解除了通讯处所有新四军人员的武装，并立刻抓捕了中共江西省委副书记兼湘鄂赣特委书记新四军高级参谋徐正坤、中共湘鄂组织部长罗梓铭、新四军驻赣办事处秘书兼江西省委组织部长曾金声、中共湘赣特委秘书主任吴渊及通讯处工作人员吴贺泉、赵绿吟等，并连夜将他们秘密杀害。随即又以迅雷不及掩耳之势对平江县加义镇所有新四军及家属进行了围剿，一夜之间，驻扎在平江的新四军及组织遭遇到毁灭性打击，新四军及家属伤亡一千多人……

"什么……"张恨水真的惊呆了，强敌当前，国民政府却不用心抗战，竟然对新四军盟友痛下杀手?！做出这种让亲者痛、仇者恨的行径！这是逆天！是自取灭亡！

"千真万确，消息已经传遍各界。第二十七军的总司令如果没有上面的命令，借给他十个胆他也不敢做这事！政府现在已经派了人到报社，说这是谣传，命令报纸对这件事不准报道，不准宣传，不准轻信谣言。所以董事长特让我来接你，到报社参加紧急会议，政府派的人还在报社等着，要拿到报社所有人员的口头承诺……"张友鸾显然也吓得不轻，声音已经有点颤抖，不由分说，拉着张恨水就向外奔去。

望着哥哥的背影，周南的心又悬了起来，这刀尖上的日子，真的好难捱呀，她真怀念在北京的时光，安稳宁静，但现在却是每天都鲜血淋淋。

夜晚了，月牙儿上来了，但哥哥却还没有回来，照顾两个孩子睡下后，周南就坐在桌前等哥哥。哥哥不到家，她心里就不安，她随手拿起哥哥写好的书稿，只见上面写着一些个题目，竟然全是写梦的……

哦，难道哥哥要把每天做的梦记下来？书稿虽然荒诞不经，全是记梦，但却相当有趣，她不由得认真读起来，以至于张恨水已经悄悄进来，站在了她背后，她竟然毫无觉察。

"好读么?"终于，张恨水轻轻问了声。

"哥哥，你回来了……"周南惊醒过来，赶快站了起来，准备去给张恨水端杯热茶过来。

"别忙了，陪我坐一会吧。"张恨水的声音很低沉，周南敏感地觉察到，他真心不快乐。坐在哥哥身边，她轻轻握着哥哥的手，默默地安慰着他。

"我能不生气么！发生这么大的事！同室操戈，自剪羽翼，却还要捂着掖着……不行！我一定要把这些写出来！把这些可恶的事情写出来！我是一个写字的人，我看到了，就不能装哑巴，不能装瞎子，我一定要说，笔就是我的枪！让他们看看，我就是一个长着獠牙的羔羊……"张恨水突然一拍桌子说。

周南吓了一跳，赶快安慰他说："哥哥你要冷静，你要写出来，就是拿刀捅他们，他们会不会恼羞成怒，想办法加害于你呢！"周南担心地问。

"不怕！"张恨水胸有成竹地说："我换个写法来写，他们不让明着说，咱们就暗着说，不让写现实，我就写梦境，我做梦说梦话，他们总不能阻止吧！"

"哦，原来哥哥的梦已经开始写了？"周南拿起自己刚才看的书稿问。

"是开始组材了，这些都是先记下来，但我从今晚就要开始写了，妹妹，你休息吧，我现在就开始写……"张恨水是一个勤奋的人，每天要写的文字绝不拉到明天，所以说完，就赶快坐在书桌前开始写字。

屋子里静极了，张恨水奋笔疾书，周南也毫无睡意，默默坐在一边陪着他，一边继续翻看自己看了半拉的书稿。

时间很快又过去了半月多，这天，张恨水刚一到家，就对周南说道："妹妹你快来看！真相终于大白天下了！"

周南赶快迎了上来，不明白又发生了什么事，让哥哥这样激动。只见张恨水从包里抽出一张报纸递给她，对她说道："快看吧，红区已经在追悼那件事情了！"

周南接过哥哥手里的报纸，原来是一张《新华日报》。《新华日报》是当时在苏区发行的报纸，而在国共区，看这样的报纸是要被抓的呀。周南紧张地盯着哥哥，担心地问："你这是哪里搞来的？会不会出事呀！"

"放心吧，不会有事的，这报纸是朋友寄给我的……"张恨水所说的朋友，就是当时著名的文人董必武。董必武时任《新华日报》编辑，平江惨案发生后，虽然当局不让媒体发声，但张恨水难掩心中悲愤，所以特地书写挽联，寄给了董先生。挽联就刊发在这一期的《新华日报》上，报纸付印之时，董先生也特地给张恨水寄了一份。

周南展开报纸，只见报上不但揭开了平江惨案的真相，还刊发了毛主席的《必须制裁反动派》的演讲稿，痛斥国民党当局，同时还配发了七月时周恩来和叶剑英在重庆为烈士召开的追悼大会场景。而更让她吃惊的是上面竟然还刊登有哥哥的一副挽联：抗日无惭君且死，同情有泪我何言！

周南有些吃惊，也有些担心，紧张地对哥哥道："哥哥，这上面还有你写的挽联呀，这事如果被他们知道了，会不会抓你呀！"

"放心吧妹妹，我就一个书生，我不过是说了我想说的话，怕什么！"

哥哥神情坦荡，但周南的心情却真不坦荡，时局动荡，谁知道会有什么意外呢！望着窗外无边的黑暗，她长长地叹了口气。

1939 年 12 月，张恨水开始在《新民报》上连载他的代表作《八十一梦》，这本书直击现实，以梦说事，用荒诞的形式，把现实中的种种不平还有当权者们的骄奢淫逸都一一记录了下来。只是，他自己也没有想到，这本书自己写得痛快，读者读得也痛快，但也给自己带来了"痛快"的麻烦！

琴心剑胆疏权贵

板桥人渡泉声，茅檐日午鸡鸣……

溪上新荷初出水，花房半弄微红……

梅子金黄杏子肥，麦花雪白菜花稀。

日长篱落无人过，唯有蜻蜓蛱蝶飞……

若没有战争和饥荒，若没有骨肉分离，流离失所，古诗中描写的清美图画，也当真是张恨水和周南的生活现状。

茅屋前，庭院中，早被周南和张恨水收拾得如小花园一般，不但种上了各种鲜花，也种上了几丛瘦竹，再加上小桥流水，倒也真是青山绿水，人间仙境一般。

闲来无事，周南便和韵岚带着孩子们在院中玩耍，或者教孩子学些古诗，小院中时常充满孩子们不知人间愁苦的欢笑。而每每听到孩子们的欢笑，周南脸上也会浮上舒心的微笑。孩子们不懂人间愁，在战火纷飞中依然无忧无虑，而等他们长大时，也许战争早已经结束，那时，留给他们的，也将是一种平静、和美的生活，孩子们真是幸福啊！

当然，小小院落里，除了周南和孩子们的笑声，也会有许多来自民间三教九流的声音。自从《八十一梦》发表以后，收到了巨大的反响，那些读到小说的人，也络绎不绝来到张恨水的家中拜访他。在这些人中，既有在校读书的大学生，也有工薪阶层，还有更多的是乡野村夫和游走于集市街道的小商小贩，他们无一不热情地称他张先生。他们几乎都是带着崇敬来的，说他写的小说太好了，他们读得过瘾，所以特地前来拜访一下张先生，想看看写出这样好的小说的人，长的什么样子？他们找到张恨水，和这样一位大作家面对面地侃大山，他们觉得张恨水实在，就把生活中的不满，愁和苦，都告诉这位大作家。当然，他们也是抱着满满的信任而来的。因为张恨水的小说写得太好了，尤其是他发在《新民报》上的《八十一梦》。那不是梦，那就是现实呀！他们喜欢读这样的小说，这样的小说写出了他们的心里话，写出了他们想说而说不出的话。

"说出来你们不信，我们村就有位疯子，要说他也不是真疯，他就一个'马屁精'，自小长了一对向上看的眼睛，看到比他有钱的人，他点头哈腰像孙子，不如他的，他连正眼也不瞧。上个月小日本突然给老子们丢炸弹，把他家的房子炸没了，老娘也炸死了，他呢，呸！真真的没人味了，老娘死了不回来收尸，还在老财家拍马屁给人家当义务差呢。他老娘真是养了一个畜生……"一个白头发的老头说，老头是附近的村民，也是张恨水家的常客。

"可不是嘛，这世上的人，真是千奇百怪，说出来你们都不相信，我们村那位，更奇了，家里穷得叮当响，却就爱臭拽，犯个头疼脑热的，不待镇上看，还非要跑到城里去，说城里的医院就是好，跑到城里的医院，不吃药不打针这病就能好，要是在镇上看，钱花光了病也不见轻，你说这是啥人，纯粹是脑子有毛病……"另一个卖菜的也嘿嘿笑着说。

大家说得热火朝天，都是发生在身边、村子里的趣事，张恨水听得也仔细，这些素材加工了，都是小说里的好情节呢。

当然，每每这些人来到家里的时候，张恨水不管有多忙，都要放下手中的笔，让周南沏上一壶茶水，他陪着这些人说话聊天。在他看来，这些村夫山民、小贩小贾，他们虽然生活在底层，但心地善良朴实，比那些达官权贵真情多了。

这天下午，张恨水又和几个老乡侃大山到了做晚饭的时间，人们才陆续告辞，看看天色将晚，张恨水就决定晚上再写。看到院子里的凤仙花开得娇艳，不由动了兴致，立马采撷了一把，叫周南带孩子们出来，他要为他们包红指甲。

"张兄真好情趣，还有这闲逸心情呀……"看到张恨水在为周南和孩子们包指甲，刚下班的尹教授觉得有趣，不由走了过来，笑着说。一看尹教授来了，周南赶快站了起来，给他搬了张凳子。都是极熟的人，尹教授也不客气，一屁股坐了下来，呵呵笑着说："刚才路上又看到来找你侃大山的人了，你这院子，倒真成了三教九流集居地，什么人都有，真难得的是你这胸怀，倒和他们一个个故交似的……"张恨水正把捣好的凤仙花包在周南的指甲上，他动作不停，笑呵呵地说："别小看了他们，他们地位虽然低微，但心里明镜似的，这世上的啥事他们看不清楚、看不明白呢？他们把心里话讲给了我，我也就是替他们说出来呗……"

"大哥好品性，嫂子也贤惠，从不厌烦这些人上门呢。"韵岚也从屋里走了出来，端着一盘清洗好的杏儿，让大家品尝。周南已经包好了指甲，张恨水又开始给孩子包，周南嬉笑着伸出自己的手，满意地看着，然后又笑嘻嘻地对韵岚说："哥哥是好人，我是嫁得了好人，自然要处处支持他！"

"你们倒真是一对恩爱夫妻，着实让人羡慕。"尹教授也说。

"别羡慕我们哟，这倒显得是我韵岚妹子不好了……"

周南的话顿时让尹教授有点不好意思，韵岚哈哈笑道："你现在知道嫂子的厉害了吧，让你再瞎说。"

几个人正说着话，只听门外又有人叫道："张先生在家么？"

几个人抬头一看，只见从桥上走过来一个五六十岁的老头子，笑眯眯地向院子里打量着，手里还拎着一个麻布袋子。

周南并不认得这人，又见他背上背着一个布袋子，就扭身往屋里走。自从来这到里后，她还见识了一个奇观，就是每隔不了多天，就会有讨饭的上门来，这些人衣着褴褛，但家什几乎都是一样的，就是手上拎着一件麻布袋，里面是讨来的干粮。眼前这位，手里也拎着这样的袋子，她也以为是讨饭的，所以想着自己刚蒸好的菜团子，给老头子拿两个来。

"哦，我不是要饭的，我是找张先生的。"看到周南飞快地从屋里拿出菜团子递给他，老头子呵呵笑着说。

张恨水也已站了起来，打量着老头子问："你是……"

"我呀。哈哈，我是打城里来的，路过这里顺路来看看张先生。我是读了张先生的小说，喜欢得不得了，所以要来看看张先生长的什么样……"

老头说着，已经抢上一步，拉着张恨水的胳膊，狠狠摇了几下，又拍拍张恨水的肩膀说："哎哟，可太好了，张先生一看就是有文化的人，您写的书那可太好了，就那个《八十一梦》，告诉您张先生，我可是从年前跟到现在，哪一期都少不了。张先生，你写出了我们想说却说不出来的话呀！嘿嘿，我老头子还没佩服过谁呢，张先生您是第一位。赶巧我今天去看我闺女，就顺路来瞅瞅张先生。嗨嗨，我以为张先生三头六臂呢，要不怎么这么大的本事？哪知现在一看，怎么就像个玉一样呢，长得还这样秀气……"老头子爽快地说着，他的话顿时逗得院子里的人都笑了起来。

原来又是来看哥哥的书迷呀，从屋里拿着菜团出来的周南不由得笑了，瞧自己的眼睛，竟然还以为人家是讨饭的呢。她赶快放下菜团子，搬出两张小凳子，倒上茶水，让客人坐下，和哥哥说话。

"哎哟，张先生，你说你这脑袋瓜子和我们的也一样大，怎么就能写出这么多的故事来……"听了老头子的话，周南不由扑哧一声笑起来。这些来找哥哥的人，都是实实在在的老实人，就会说大老实话，和哥哥的性情还真有些相似呢！

"呵呵，我哪有三头六臂，我只不过比你们多长了几个耳朵呀。"张恨水风趣地说。

"在哪里的，让我看看……"老头说着，真的站了起来，走到张恨水的跟前，围着他转，非要看他多长出来的几个耳朵在哪里？

"哈哈，这多长的耳朵在心里呢，你们说的我都记在心里，要说也得感谢你们，是你们来讲的好故事呀……"张恨水笑着说，几个人顿时都笑起来。

"说实话，看了张先生的书就是痛快，我今天来，就是来给张先生讲故事的，你不知道，我们村，就在前面，去年的时候，住进去一个警察，租房子的，哎哟我的妈呀，他还是警察呢，他可真不地道，他租房子呢，包了一个漂亮女人，我们都当是他老婆呢，后来才知道，哪里是他老婆呀，是他的妍头，他老婆后来知道了，就打上门来了，哎哟我的妈呀，把老婆打的，浑身是血呢。再后来，你知道吧，出了啥事了，他老婆跳井死了。从井里拨出来的时候，舌头伸得老长，我们村里人都奇怪，跳井死的人咋跟上吊死的人一样呢？我们都怀疑，但都不敢说呀，人家是警察，手中有权呀，但我们也不平，嘿嘿，我就把故事来讲给张先生听，张先生要是闲下来想写小说呢，也写进去吧，嗯，就当替我们穷人说句话吧，你说是不是……"

"放心吧，大叔，这些我都记着呢，都会在书上写呢。"张恨水爽快地应承说。

老头子吧吧嗒嗒说了半晌，然后站了起来，说天晚了，自己也得赶快到闺女家去了。但自己来一趟大作家的家，不能空着手走吧？要张恨水把他从前写的小说送给他一本。

周南在旁边站着，心里既替哥哥高兴，也感慨万千，哥哥的小说在连载之时，她也是第一个读者。哥哥开始写的时候，她还问过哥哥："这都梦呀怪呀的，这样写人们会喜欢么？"

"你喜欢不？"哥哥却先问她，并对她说："要说实话！"

说实话嘛，周南嘻嘻笑了起来，哥哥的这次书，不但让她觉得耳目一新，还觉得有趣，好读，所以她立刻说："喜欢呀，哥哥的哪一本书都是我喜欢的！"

"要让你当个评论家，那可真糟糕透了，怎么会全部都是好的呢！总有写得不好的地方呢，比如，从前还有那些没有写完的。"哥哥笑着说，然后认真地说："这一次，我写得可是真认真，重庆一团乌烟瘴气，我真看不下去，那些事堵在我心里，不说出来心里不顺。说出来有些人会不高兴，甚至说不定还会给咱们带来麻烦，我不顾我自己，也得想想报社，还有你和孩子呀，所以，我就故意这样写了，反正都是梦，就像瞎侃一样，看得懂的就会看懂……"

哦，周南敬佩地望着哥哥，她仍旧像十多年前那样崇拜哥哥，欣赏哥哥，难道不是么，哥哥是越来越聪明了，还学会了保护自己呢。此刻，哥哥这本书真是写活了，不但自己喜欢，还有这么多人都喜欢！

张恨水果真走进屋里，把从前的书找了一本出来递给老头子。老头子得了书，像得到了宝贝一般，赶快小心翼翼地揣在怀里。然后把自己带来的袋子豁地一倒，顿时从布袋里倒出一只被捆得像粽子一般的老母鸡来。不过大概捆得太紧了，又在袋子里捂了这么久，这只鸡已经半死不活了。

老头子嘻嘻笑着说："张先生，你可别嫌赖，这可是俺家养的老母鸡，给张先生送只来补补身子，写出那么多的字，不容易呀！这也是俺们的一点心意呀。"

"这，这可千万不行呀，大叔还是带回去吧……"老头子的举动顿时让张恨水和周南非常不好意思，都是穷苦人，收礼物就有点不厚道了。

"张先生，你要不收下，我就住你家里不走了！我不回去我闺女就会着急，我外孙子就会哭闹，这可都是你张先生给折腾的呀……"老头说着，声音也大起来，就跟吵架一样，把张伍吓得赶快往屋里奔去。

"看看，吓到娃仔了不是！你咋个当爹的嘛！"一看孩子被吓着了，老头大笑了起来，然后拎起鸡往屋子里一扔，甩开大步就唰唰走了。

"大哥真是实在人，这倒让咱们不好意思了……"望着老头远去的背影，周南有点不安地说。

"是呀，和他们愈接近，你才会发现，他们是真的心地善良，不藏奸，有啥说啥，质朴得很呢，比那些当官的，有权的可爱多了！"张恨水也幽幽地说。

"这也是张兄胸襟坦荡，这些人才肯和大哥亲近呀。大哥这样子，倒真是书上写的闲云野鹤了，不畏权贵，低调自然，这是大胸怀呀。"尹教授也呵呵笑着打趣说。

"被你们这么一说，我倒成了神仙了。"张恨水心中高兴，忍不住呵呵笑着说。

　　日子就这样过着，张恨水的家真成了三教九流集居地，今天你来，明天我往，而许多走夫摊贩也成了张恨水的朋友，而张恨水在和大家交流的过程中，也搜集着更多的素材，充实着自己的经典。

　　但细心的周南，却发现问题又来了，并且这一次的问题让她深感不安。那天，两个孩子嚷嚷着要吃肉，另一个，她也已经怀了身孕，早上的时候，哥哥交给她二十块钱，让她这一阵多买些荤菜补补身子。从菜市回来，她看到小桥边上站着一个人，一身黑褂子，戴着一顶破草帽，把一张脸遮得严严的，正探头探脑地对着自家的院子张望。以为又是找哥哥的，她就走上前问道："请问你找谁呀？"那人正伸长了脖子向院子里张望，听到她的招呼声，回头看到她，竟然一言不发扭身就走。这就让周南有点奇怪了，这人是干什么的呀，这么神秘。

　　如果仅只一次，她也不会放在心上，但她发现，事情真不是那么简单。

　　过了一二天，她刚从后山采菇回来，突然看到小溪对面有二三个人正在窃窃私语，其中有一还拿着一件东西对着自家的房子在做着什么。仔细一看，不由心慌起来，因为她看清那人手里的是一部望远镜。这么近的距离，他还拿望远镜，他们是什么人？他们想看清自家房里的什么呀？这些人一律身着黑西装，还都戴着大礼帽，让她一下子想起那天在桥上遇到了神秘人来。她的心开始慌起来，因为她突然想起来，早几天，有个生意人在和哥哥讲故事时，说他们那庄子，有一个有钱人家，有一天儿子突然被绑架了，人家跟他要三万大洋。那个生意人就这一个儿子，为了保住儿子的命，就赶快凑钱，变卖了所有了值钱的东西，但当他把钱都凑齐时，来到交钱的地方，见到的却是儿子的尸体……

周南的额上冒出了冷汗，她几乎可以肯定，这些人对自己家肯定不怀好意，他们不会也是想绑架孩子们吧……

周南吓坏了，不顾一切地向屋跑去，周南失魂落魄地奔跑回屋中，只见韵岚正在屋子里教几个孩子写字，看她惊慌失措的样子，韵岚惊讶地问："嫂子，你怎么了……"

"不好，有人在监视咱们……"周南说着，气喘吁吁地扭回头向外望去，奇怪了，只见在路对面的人们怎么忽然都不见了？

惊魂未定的周南抚着胸口，把刚才这件可怕的事情告诉韵岚，韵岚听了，也奇怪地说："是呀，我也正要告诉你呢，我也看到好几回了，经常看到有一些奇怪的人在咱们家门口转悠来转悠去的，呀，这可得赶快告诉张哥，咱们可要防范些！"韵岚也不明白是怎么回事，有些惊惧地和周南商量说。

晚上，周南把这几天发生的奇怪的事情告诉了张恨水。张恨水一听就明白是怎么回事了，心里不由得愤怒起来。因为《八十一梦》的刊发，惹恼了一些人物，最近他甚至发现，不但报社里经常去一些神秘的人，说是例行检查什么的，但却只检查自己的办公室。另外，朋友们寄给自己的信件也都被拆开过，他敏感地觉察到，因为那本书，自己肯定已经成为"目标"了，某些人物想要对自己下手了。自己倒是不怕什么，但不能让妹妹和孩子再跟着担惊受累呀！为了不让周南惊慌，张恨水决定不告诉周南实情，他想了想，对周南说："算了，以后要小心些，以后你就不用上街了，买什么告诉我一声，我替你捎回来。

你就在家里，不要经常出去，要看好咱们的孩子们……"身为一个文弱书生，他也只有这样一个办法来保护自己的女人和孩子了。

周南心里也无比紧张，她安静地听从着哥哥的安排，在家里照顾着两个孩子，其实是看着两个孩子，她不允许他们有一刻的时间离开自己的视线，她真担心自己一眨眼，孩子就会被这帮妖魔给抓去！

在提心吊胆中过了两个月，这天黄昏的时候，张恨水正在写字，却有一个人走进了家门，只见这个人西装革履，手里拎着一只小皮箱。进到屋里，他放下皮箱，满面笑容地对张恨水抱拳说："张兄近来可好！"

张恨水凝望着这个人，依稀认得，但叫不出名字来。看到张恨水不认识自己，那人哈哈笑着走上前，紧紧拥抱了一下张恨水，自我介绍说："哎哟，你可真是贵人多忘事呀。连老乡都不认得了！我是张治中呀！而且还是张兄的铁杆粉丝呢！"

哦，张恨水终于想起来了，自己的同乡中是有这么一个叫张治中的人，并且在重庆军委会政治部担任部长。只是自己素来不喜欢和这些人打交道，所以平时并无来往。看到张恨水想起自己了，张治中哈哈笑着打开那只皮箱，只见箱子里是码得整整齐齐的银圆。"闻听张兄临得添丁，在下特来祝贺，区区小礼，还望笑纳！"张治中说。

看到这么多的钱，张恨水顿时警觉起来，自己和这个老乡素无来往，于情于理他都没有必要送上如此厚礼吧。所以他立刻淡淡地说："在下不才，但一向是坚持无功不受禄。钱，你还是收起来吧，有话就直说。"

"哈哈，张兄果然干脆，好，那咱们找个地方细说，不，不是细说，而是细细叙述咱们的同乡之谊……"张治中说着，便邀请张恨水到城里的酒楼去说，并说自己的车子就在外面，会很方便的。张恨水不想在自己家里谈这事，怕周南和孩子听到不安，所以随他走出了屋子，但却只和他走到山路上，而是拒绝和他一起到城里去。张恨水不客气地说："有什么就在这里说吧，以咱们的交情实在没必要再麻烦到城里去，而且，我也需要照顾内子……"

"好好，张兄是干脆人，我也不啰嗦了。这笔钱并不是无功而受，而是某人托我转交于你，希望你看到同乡的份上，成全小弟。用这些钱买你的书稿，应该足够了吧……"

话说到此，张恨水顿时明白了，他冷冷地说："你可以转告你那位朋友，不必浪费这些金钱了，因为书写出来都已经在报上刊登了，想要，多买几份报纸就是了！"

"哈哈，张兄幽默，人家要的可不是已经发表过的，是要张兄你还没有写出来的书稿！"张治中盯着他说。

张恨水冷哼了一声，这分明就是堵自己的嘴嘛！他干脆地说："这恐怕就要让老乡失望了，我的书稿不是卖给个人的，我是写给天下所有读者的。对不起，只好得罪了！"说完，丢下张治中，径自回了家中。

仗义执笔真君子

张恨水虽然断然拒绝了张治中的要求，但心情却颇为不爽，回到家中的时候，脸色仍十分阴沉，周南看得出他心情不好，温柔地问他："哥哥，发生了什么事么？你有什么为难的事情么？"

周南已经大腹便便，马上要产生了，看到形体笨重的周南，张恨水蓦然明白过来，再不顺心的事情，也不能让周南知道呀，她要知道了，还不担心得要死？她已经快生产了，每天操持家务，已经够她辛苦了，这些俗尘烦事，还是不要让她知道吧。于是，张恨水假装郁闷地说："唉，总归是些散事，一些个稿件寄出去了，稿费却没有……"

周南温柔地笑了起来，她聪明如斯，焉能看不出哥哥的心事。哥哥为人性情温和，写字又是他的最爱，这么多年来，不给稿费的稿子他写得不计其数，从来没有看到过为稿费伤神，可见，他是有烦心事，只是不想让自己担心啊！

知道张恨水每天为家计也是操碎了心，所以周南觉得自己也得为哥哥分担，不应让他再为自己操心，所以假装相信了他的话，温柔地劝他说："哥哥别烦了，反正这么多年，你也写了那么多了，不在乎多写这一点，你要高兴起来哦！"

两个恩爱夫妻，你哄着我，我骗着你，在艰苦的岁月里互相慰藉。

时光如梭，这件事情过去没几天，有一天深夜，周南突然腹疼难忍，像是要生产了，幸好张恨水早有准备，已经提前问好了一名医生，一看周南情况不妙，赶快出门在村中雇了辆马车，接医生过来，因为周南早先生过孩子，已极有经验，于是在配合着医生一番忙碌后，周南顺利产下了一个白白胖胖的女娃。

周南虚弱地躺在床上，初生女儿的喜悦，让她暂时忘记了生活的不愉快，忘记了潜藏的危险，脸上洋溢着幸福的笑容。

韵岚听到这边的动静，就明白周南是要生了，也早已赶了过来。此刻，抱着刚刚出生的婴儿，对周南和张恨水恭喜道："天，这小千金，长得可真秀气，你们两口子有福气了！"

张恨水从韵岚手里接过孩子，眉眼都是笑，又兴奋又激动，抱着孩子凑近周南深情地说："妹妹你看看，快看看咱们的女儿！长得多秀气呀！跟你一样漂亮，简直像个小仙女！太可爱了……"一边说，一边忍不住在女儿的小脸上就亲了两口。

"呵呵，张大哥，你不说我们都知道你家的女儿可爱，长得秀气！现在不是夸女儿的时候，嫂子这会子肯定是饿了，你得赶快去给嫂子做点吃的呀！"韵岚看到张恨水因为得了女儿，高兴得几乎发狂，忍不住笑着指点他道。张恨水蓦然明白过来，赶快把女儿交给韵岚，乐颠颠地去为周南做饭去了。

　　家里突然添了个女儿，还要照顾两个孩子的生活，还得照顾在月子里的周南，张恨水的生活一下忙碌了好几倍，每天他都忙得像一个陀螺一样，但他却从不嫌厌烦，每天脸上都是笑呵呵的。女儿的降临，让他和周南暂且忘却了许多不如意，一家人都沉浸在幸福的欢乐中。

　　如果生活一直这样平静下去，倒也不失为一种幸福，但现实总是残酷无情的，有许多意想不到的事情，总会出其不意地在美好的生活上划上一片让人触目惊心的黑污，在瞬间毁灭掉人们的希望和美好的心情。

　　因为张家喜添了女儿，周围的邻居和村民们也都替他们喜悦，纷纷给他们送来了一些豆腐、鸡蛋之类的食物，让周南增加营养。

　　这天，张恨水回到家中，只见小桌子上又放了一个小纸盒，他问周南是谁送来的，周南正在给女儿喂奶，也疑惑地说，没看到谁来送东西呀，可能是中午她去后面喂鸡时谁放在了桌子上吧，她也没来得及看盒子里是什么呢。

　　张恨水以为是邻居们送来的菜，就打开了盒子，准备拿出来做午饭，但一打开盒子，他顿时愣住了，心脏也突突狂跳起来。只见纸盒里哪里是什么菜蔬呀！纸盒里用一根细麻绳系着几只漂亮的小鸟，只是小鸟儿早已死亡，全是被麻绳勒死的。小鸟的身下还压着一张纸条，上面写着：收拾你们比收拾它们容易得多！

　　张恨水顿时明白是怎么回事了，这些可恶的混蛋！这是明目张胆的恐吓！张恨水无比气愤，脸色也霎地气得铁青，但当他转脸看到周南和围在她身边的孩子们时，他马上明白，这事不能让妻儿知道，免得他们又开始提心吊胆地过日子。他一声不响，拿着纸盒出了屋门，来到后院，连同纸盒一起埋在了地下，然后回屋对周南说，刚才去做饭，别人刚送的一块豆腐掉在了地上，沾满了泥土，不能吃了，只好喂鸡了。

　　"没事的，反正这些天我和孩子们的肚子里全都是豆腐了，咱们今天就吃青菜煮面吧……"周南一点儿也没在意，反而安慰他说。虽然这事瞒过了周南，但张恨水的心里却一点也不轻松。

　　下午下班的时候，他刚走出报馆，就见张同乡笑眯眯地站在路边，看样子是在等他。果然，一看到他出来，张同乡就走上前，拦住他说："张兄，你家千金想来已经满月了，祝贺张兄喜得千金呀！"

　　"对不起，我没时间和你这种人说话！"张恨水冷冷地说着，不想再搭理他。

　　但张同乡却呵呵一笑，一把拉住了他的胳膊，说："就五分钟，五分钟可关系到张兄和家人的生死呀！"

　　然后不由分说，拖着张恨水就进了路边的一家小酒店，叫了几样凉菜，又要了一瓶酒，要给张恨水斟上。张恨水不客气地拦住了他，生气地说："别藏着掖着了，有什么办法对付我，想怎样对付我！全部说出来吧！"

张同乡嘿嘿一笑说："想必前些时有人给张兄寄的东西也收到了吧。张兄呀，你不为自己考虑，也要为家人考虑一下嘛。而且，人家可是做好了准备，据听说息烽监狱现在空房多得很，人家让我传个话给张兄，如果觉得家里住得不舒服，想到那里面去写书的话，随时为您备好了车送行……"

"可耻！"张恨水再也听不下去，愤然起身，径直离去。

"话我是传到了，张兄掂量着办吧……"身后传来那人的声音。

踩着漆黑的夜色回家，张恨水的心情渐渐平静下来，形势的确不妙，如果自己坚持，这伙混蛋肯定不会善罢甘休，自己倒无所谓，但总不能让妻儿再跟着自己受苦受折磨吧！跟着自己，他们已经生活得相当不容易了……

一滴清泪滑过张恨水的脸，落在冰凉的路面上，天太暗了，生存本是一件艰难的事，想要呐喊，更是不容易。

那一晚，从不喝酒的张恨水竟然喝了两杯酒，他还要再喝，周南却伸手按住了哥哥的手。和哥哥结婚这么多年来，她焉能不知道哥哥的生活习惯，每天写字是他必须要干的活，但喝酒却是他从来不干的事。今天哥哥喝酒，只能说他遇到了前所未有的烦心事。她想问他到底怎么了，但张恨水却说，自己还要写字，就坐在了书桌前，再也不说一句话了。

虽然张恨水不说，但没几天周南就明白了原委。那天，哥哥回家以后，她照例从他包中拿出他带回的报纸，想继续看他发表的小说。但翻遍了报纸，也没看到她想看的小说，却看到哥哥登在报上的一则启事，上面说《八十一梦》的手稿因为保管不妥，被老鼠蚀啃了，不能再继续在报上连载，不过他会继续写出更好的小说以飨读者……

《八十一梦》的突然截稿，让许多人一时似乎无以适从，家里的客人一下多了好几倍，几乎都是来问张恨水，为什么突然不连载了？他们读得正过瘾呢！张恨水只得把草稿或者从前的书送给他们，以安慰他们急盼的心情。

这天早上，周南刚喂过孩子奶，正准备带孩子到院子里去玩，好让哥哥静心写字，突然听到有人在院子里高声问："张先生在家么？"周南迎出屋门，不由得愣了一下，只见院子里站着两个男人，他们皮肤黝黑，身穿军装，正向屋子里走来。

周南心里一紧，因为《八十一梦》，自己和家里，还有哥哥曾被特务监视、跟踪，还差点把哥哥抓起来，眼前这当兵的，会不会又是来找哥哥麻烦的呀！因为心里紧张，周南脱口而出，说："你们找错了，张恨水不住在这里，这里根本就没有张恨水这个人……"也是急中生智，她想把他们骗走了事。

两个当兵的听了，相互看了看，其中一个说："不对吧，应该是住在这儿呀，我都打听清楚了……"什么？竟然打听清楚了？周南心里更紧张了。

此时，张恨水在屋里听到动静，已经走了出来，看到两个素不相识的军人，奇怪地问："你们找我？"

"哦，你就是著名的大作家张恨水先生吧！我们可找到您了！"一看到张恨水出来了，那个身高稍矮一些的军人立刻迎上前，紧紧握着张恨水的手说："张先生，我们终于找到你了！"

"慢慢说，你们找我有什么事么？"张恨水奇怪地问。

"我们久仰张先生的大名，而且，我们也读过张恨水的小说，知道张先生是位了不起的大作家……"另一个听说眼前的就是张恨水，也走了上去，两个人紧紧握着张恨水的手，连连说。

听这话，好像不是来找麻烦的。周南心里松了口气，也有些不好意思起来，赶快和哥哥一起，把来人让进屋里，为他们倒上了茶，自己便带着孩子出门去，好让他们谈话。

来人坐下后，就向张恨水介绍说，他们是 57 师的，是余程万的部下，因为久仰张恨水先生的大名，所以特地来找张先生，想请张先生为自己的 57 师写一本书。因为自己所在的 57 师经历了一场和日本人的浴血奋战，战斗打得万分残酷，这是一场史无前例的战争，也是用军人的鲜血和生命换取胜利的战争，如果不找人把这件事圆满地写下来，就对不起那些死去的弟兄们！

"张先生，你知道么，我们全军 8000 多人，但我们的敌人小日本却是 10 万人之多呀！人员比我们多数十倍，武器也比我们先进得多，张先生，你想象不出来，这场战争的胜利，全是弟兄们的鲜血和尸骨铺成的呀！我们战斗到最后一刻，我们所有的弟兄都被敌人的大炮、炸弹炸得死光了，但我们没有投降，我们也没有示弱，最后我们只剩下了不到 100 人呀……"

两个男人说着，堂堂男儿，竟然失声哭了起来，悲痛地说："我们的千万个弟兄们在这场战争中丧失了性命！为国捐躯，我们不在乎，我们不怕牺牲。可是，我们总得找个人把他们的英雄事迹写下来吧，要不，我们对不起他们这些为国捐躯的弟兄们呀……"

张恨水叹息了一声，男儿有泪不轻弹，只是未到伤心时呀！两个大男人，如果不是痛彻心扉，怎会如此情不自禁呀！他们的眼泪让张恨水心里颇不是滋味，他没有上过战场，但他看到过空袭，看到过那些家破人亡的人，他知道战争的残酷。现在，经他们一说，不用想象，他眼前就已经出现了一副惨烈的血肉横飞的场面，他的身子也不由得微微颤抖起来。

张恨水眼里泛起泪花，但却很理智地对两个来人说："你们说得很是感人，让人热血澎湃，但实在对不起，我能力有限，恐怕不能为两位出力，两位还是请回吧。"两个人一听，顿时心有不甘，但张恨水却干脆地说，自己马上要开始写作了，自己写作的时候，是最需要静心的。

这明摆着的逐客令，两个人只得告辞出来，矮个子的军人仍不甘心地说："张先生，你再想想吧，我们不会让你白写的，我们师长说了，会给你润笔费的……"

"不要再说了，我要工作了。"张恨水不客气地说。

送走了两位军人，周南回到屋中，不解地问哥哥："哥哥，你是一向很崇敬抗日将士的，为什么要拒绝他们呀。"

"这些将士的事迹是非常让人感动，但是我没上过战场，如果写得不真实，那岂不是有负这些将士，我是心有余而力不足呀。再说，我也从来不给人写传的……"张恨水叹了口气说。

其实，这两位来人说的事情，他已经在报上看到过消息了，就是刚刚结束的常德战役。领导这场战役的将军名叫余程万，就是他们的师长。余程万乃是国民党军将军中有名的一员悍将，毕业于黄埔军校，多年征战，战功赫赫。去年 11 月初，日寇集结 10 万之众，从四面八方围攻常德，每天飞机、大炮轮番轰炸，想一举吞掉常德。

被围在常德城中的余程万部，以一当十，坚守常德。但再坚实的堡垒，也抵不住日寇的轮番轰炸，没出几天，常德城中的守将就被日寇炸的死伤无数，失掉了一半的战斗力。为了拖延战机，以求缓军，余程万硬是下令，哪怕战斗到最后一个人，也决不能放弃，也决不投降！

战斗一直持续到 12 月初，余程万的 8000 将士只剩下 83 名，在余程万率领下突围常德，恰在这时，与第十军各部及第九战区增援的兵团会合后，回身反攻，将夺得常德城里的敌寇包围起来，打了个瓮中捉鳖。最后这场战役虽然以国军获胜，但余程万的部下也几乎消失殆尽，战争结束后，国军宣传部在各大报纸大肆宣传，国人无不知晓这场战争。

因为要有太多的文字要写，所以张恨水很快就把这事忘了。没想到，不到十天，那两个人军人竟然又登门了。这一次，他们还随身带了个大包袱，一进门就嚷嚷道："张先生，我们又来找你了！"啊，又来了？张恨水真感到头疼，这两个大兵，竟然有这么好的韧劲呀！都明确说过不写了，竟然又找来了。

张恨水苦笑着摇摇头，两个人可不管张恨水高兴不高兴，一进屋就哗啦一声把包里的东西倒在了桌子上，大大咧咧地说：

"张先生，你说不熟悉我们，我们给你找了这么多资料，你放心，只要你肯写，我们虽然是粗人，但也知道写字的苦，绝不会亏待张先生的！这些是我们为您搜集的资料，你快来看看，缺什么我们就给你找什么，不懂什么我们就给你详细解释，一定让你满意为止……"

只见桌子上，小刀、照片、皮带乱七八糟的什么东西都有。那个矮个子的军人说："张先生，我姓李，你以后就叫我小李好了。张先生，这些东西，都是我们弟兄们的遗物，他们临死的时候，交给我们，如果不是为了让张先生写书，我们是打死也舍不得拿出来给人的。看到这些东西，就想起了惨死在战场上的兄弟们，张先生，我们心里压得慌呀！他们为了国家，为了打鬼子，有些甚至都被炸成了粉末，尸骨无存，不把他们写下来，我们一辈子良心不安哪……"

战场上的事情，张恨水不了解，但看到这些东西，他也忍不住动容。叹息了一声说："不是我不想写，我是真的不熟悉，他们是为国捐躯的人，我不能不认真，所以有压力呀！"

"放心吧，张先生，只要你肯写，就是对他们最好的回报，只要你不懂的地方，我们一定会详详细细地讲给你听！"两个人迭声地表示说。

情何以堪，张恨水深深地叹了口气，说："让我想想吧，想好了我告诉你们……"

"好好好，那我们兄弟就不打扰先生的清静了，你想好了一定告诉我们呀！"两个人一听张恨水松口了，立刻像拣了大元宝一般兴奋起来，连声表示感谢。

虽然说是考虑几天，但姓李的军人却真像热锅台上的猴子似的，半秒钟也安静不下来，没过两天，就又急匆匆上门来了……

如此迫切的心情，让张恨水又敬重又感动，只得对他说，看在这些将士为国捐躯的份上，自己决定帮他们写这部传记，但是要全部真名真姓，为的就是让中国人记着他们这些为国捐躯的英雄们，所以自己的采访可能会很仔细，甚至小到一个生活细节都会认真过问，所以他们既然要提供所有资料，就别害怕麻烦，从现在起就可以给自己讲这些英雄将士的故事，要越详细越好……

"好的！好的！谢谢你了张先生！8000多个英勇献身的将士泉下有知，一定会记得你的大恩大德，请受我们一拜！"两个军人说着，扑通一声跪在了张恨水的跟前，深深拜了下去。

"两位兄弟请起，我同意为兄弟们写这本书，是感动他们的精神，但别对我说谢字，他们为国家奉献了生命，我只是动笔子，没啥可感激的。咱们闲话不说，从今天起我就开始为弟兄们尽力……"张恨水赶快扶起两位军人说。

从那天起，张恨水在写自己的其他小说之余，也开始了《虎贲万岁》的创作。为了还原这一震撼人心的英勇场面，他详细地搜集资料，力求从将军到伙夫，每一件事、每一个人名都原汁原味展现在书上。为了还原整个事件，每隔一天，小李军人都要到他的住处来，向他详细地讲解军中每一个人、每一件事、每一个场景，当他讲述这些的时候，张恨水就一字不落地记下来。有时，他正在构思这部小说的时候，突然想到一个小细节，而自己不明白，就会不辞辛苦，立刻跑到离他六七里远的小李的住处，向他询问。

从搜集资料到构思，再到成书，张恨水经过无数个不眠之夜，历时一年多后，终于写出了中国第一部抗战小说《虎贲万岁》。完稿之后，张恨水托小李将书稿带给余程万师长，让他定夺。

认真读完书稿，余程万欣喜万分，连连击掌说："好！好！好！十分感谢张先生！他不但把每一次将士的英雄事迹写得入木三分，也终于把这些将士的英雄事迹流传了下来！我身为师长，对张先生表示万分感谢！谢谢他这一义举呀！"

激动万分的余师长为了向张恨水表示感谢，当即筹备数十万大洋，托小李带给张恨水，以谢他一年多的辛苦笔耕。但让他和小李没有想到的是，张恨水却拒绝收下这笔巨款。张恨水不客气地对小李说："我完全是怀着敬意在做这件事的。这些将士为国捐躯，我仅只是动动笔，把他们的行为记录下来，如果我收下这钱，我良心不安，更愧对那些沙场英魂！"

小李听了此言，深深敬佩张恨水的为人，只得带着银圆再返回师部，将巨款交付余师长。余程万看着被退回的银圆，感慨良久，也更加敬重张恨水的为人，思忖良久，便将自己随身佩戴的一把短剑取下，托小李转赠张恨水先生。

宝剑赠英雄，接到余程万的剑，张恨水欣然收下，一个文坛名家，一个沙场健将，惺惺相惜中两地神交，成为一对默契知交。

而让张恨水没有想到的是，随着这本书的面世，他竟然还促成了一桩人间美事。

随着时局的向前，日寇的气数已尽，已呈强弩之末之势，眼看着全面抗战就要胜利，张恨水的心情也莫名轻松，这天下午，竟然有心情和周南带着三个孩子，一起到山中观看秋景。

"马上就要胜利了！胜利了我们就能过上安定的生活了。我的宝贝们，你们的好日子就要来临了！"张恨水就像一个小孩子一般兴奋，在树林里奔跑着，和孩子们追逐着，享受着一生中不可多得的奢侈轻闲。

周南心里同样兴奋，只是她忍不住微微笑着，等到战争胜利了，就能和哥哥回到久违的北京了，一家人相亲相爱，这才是人间最美的事情呀。

因为心情高兴，她忍不住一展尘封多年的歌喉，婉转唱起了《贵妃醉酒》的唱词：

　　海岛冰轮初转腾

　　见玉兔又早东升

　　那冰轮离海岛

　　乾坤分外明

　　皓月当空

　　恰便似嫦娥离月宫

　　奴似嫦娥离月宫

　　好一似嫦娥下九重

　　清清冷落在广寒宫

　　玉石桥斜倚把栏杆靠

张恨水：温润如玉一世情

看鸳鸯来戏水

金色鲤鱼在水面朝

长空雁儿并飞腾

闻奴的声音落花荫

……

几年未展歌喉，再启唇齿依然是声清韵美，孩子们听愣了，张恨水也听呆了，愣愣地望着爱妻。几年的战乱生活，他和周南几乎都忘了她还有如此美的歌喉，而这样清扬醉人的嗓音，却只是依稀出现在梦里！

一曲唱完，张恨水带领孩子们给周南鼓起了掌，含着眼泪说："妹妹，终于又听到了你的歌声……"

"每日里提心吊胆，哪里还有心情唱叫呢，今天是看到了希望，所以心情好。"周南被夸得不好意思，娇羞地说。

一家人正沉浸在欢乐中，忽然看到一位年轻漂亮的美女，脸含微笑向他们走来。望着来人，周南有些疑惑，因为她并不认得这个年轻的美女。张恨水也有发愣，因为他也同样不认得这位美女。

美女倒很大方，自我介绍说，自己姓吴，是从苏州来的，因为拜读了张先生的小说《虎贲万岁》，深深敬佩书中的余将军，为了一见余将军，所以特地来寻找书写此书的张先生，希望他指点自己能找到余将军。刚才去到张先生的家中，没找到张先生，适逢邻居指点，所以才找到山中来。

哦，原来是这么回事呀。张恨水不由得哈哈笑起来，赶快和周南一起，带着吴小姐回到家中，奉上热茶，然后就把余师长的地址详详细细告诉了吴小姐，并当即书写一封信，托吴小姐转交给余师长。

·　一个月后，张恨水收到了时任国民党 74 军副军长余程万的书信，余程万在信中感谢他君子成人之美。原来，千里迢迢找到他的吴小姐在交流和接触以后，更加倾慕于他，执意要嫁他为妻。两人已经定了婚期，不日成婚，邀请他这个大媒人前去参加婚礼。

"哥哥，你书写得好，媒人也做得好呀，呵呵，等将来你老了，写不动书了，我们就去开个婚姻介绍所，你就是个大媒人！"周南看完了信，笑呵呵地打趣说。"是，是，妹妹这一说，我还真有心赶快考虑一下以后的去向呢，呵呵，成人之美，举手之劳，我就成了月下老人喽。"

"爸爸，什么是月下老人呀？"两岁的明明，看到爸爸如此高兴，好奇地问。

"傻瓜，月下老人就是，月亮下的老头子。"张伍听到小妹的问话，故作高明地解释说。他的话顿时逗得张恨水和周南大笑起来，张恨水一把抱起了女儿，一下举过了头顶，哈哈笑着说："乖乖，你哥哥真是神脑子呀，一下子就给你做了最好的解释，月下老就是月亮下的老人呀，哈哈哈……"

人逢喜事精神爽，而张恨水的喜事却接连不断。1945 年 8 月 15 日，日本宣布投降，举国振奋，拿着当天的报纸，张恨水也像一个孩童一般，雀跃着跳进家门，兴奋地叫道："妹妹！妹妹！大好消息！大好消息……"

正在房间里为孩子们准备秋衣的周南听到哥哥像疯了一样的喊叫，不明白发生了什么事，赶快迎出来，只见哥哥手里拿着一张报纸，对着她摇晃道："好事！快看，日本投降了！战争结束了，战争结束了……"

战争结束了?! 从此再不用过这种提心吊胆的日子了？就是说可以回到北京了?! 可以和久别的老妈重逢了?! 周南顿时无比激动，一把抢过哥哥手里的报纸，颤抖着打开，一边看眼泪就刷刷地狂涌而出，喃喃道："太好了！太好了！哥哥，战争终于结束了，我们又可以回到北京了，我们全家人就要团圆了，对吧哥哥……"

孩子们虽然不明白父母是怎么了，但却被父母感染，也不由得又跳又叫又笑的，顿时一家人又哭又笑，把个小小的茅房里喧闹得欢声振天。真如唐时诗圣杜甫在《闻官军收河南河北》里描写的那样：

> 剑外忽传收蓟北，初闻涕泪满衣裳。
> 却看妻子愁何在，漫卷诗书喜欲狂。
> 白日放歌须纵酒，青春做伴好还乡。
> 即从巴峡穿巫峡，便下襄阳向洛阳。

书生剑气贯长虹

1946 年春天，北京的北海公园，游人如织。日本终于投降了，经历了八年战乱的人们，分外珍惜这久战之后的和平，在草长莺飞之际，纷纷涌到公园、郊外、山上……享受着久战之后的和平春光。

北海湖中，周南和张恨水撑着一叶小舟，荡漾在碧波中。终于又回到北京了！回到从小长大的地方，周南第一个想去的地方，就是北海公园。在这里，第一次和哥哥约会，在这里，牵起了哥哥的手……如今，一晃十多年过去了，景还依旧，自己和哥哥却经历了那么多，那么多，哥哥的鬓角已经斑白，自己呢？周南侧头望望水中自己的倒影，沧桑了好多，也憔悴了好多啊！

不过还好，虽然物事人苍老，但哥哥还在身边，并且还有了那么几个可爱的小宝贝。可怕的战争终于结束了，天下应该太平了，但愿从此是日日晴好，和哥哥带着孩子们过上真正宁

·251·

静、幸福的生活，就像刚刚结婚时的那样！

周南想着心事，一边细细凝望着哥哥浅笑着，八年抗战，甚至是生死离别，宁静的生活，该是红尘中一对鸳鸯最渴望的平静幸福。

此番回京，张恨水是应陈铭德的邀请，前来北京创刊《新民报》。去年冬，他带着周南和孩子们回到安徽老家，本打算在家乡守着家人平静一生，再也不到外面奔波创业了。但陈铭德却十分欣赏他的才气，坚持邀请他再度出山，到北京创办《新民报》。看到张恨水一再拒绝，就又搬出张恨水的几个老友，轮番轰炸，张恨水终于招架不住朋友们的邀请，只得在老家做了短暂的停留后，再度赴京，重新做起了新闻人的工作。

办报对于他来说，那是轻车熟路，所以工作起来自然是得心应手，而更让人感觉欣慰的是，聘请到《新民报》社来的，多是自己共事多年的老友，诸如张友鸾、张慧剑、赵超构等。在张恨水的策划提议下，几个人齐心协力，在《新发报》创刊之初，也隆重推出了三个副刊：《北海》《天桥》《鼓楼》，三个副刊如三颗耀眼的明珠，一下就夺取了北京人的眼光。张恨水真不愧大手笔，每一期的副刊上，除了大量刊发进步文章，也刊发当时文坛各名家的文章，茅盾、老舍、郭若沫、章士钊、柳亚子等，都齐齐在副刊亮相。

而此番回京后，张恨水创作的《巴山夜水》也开始在副刊上连载，一时间，《新民报》在创刊之初，就夺得了北京报界的半壁江山，成为了北京城最有影响的报纸之一。人们为了看到《新民报》，每天报纸未发行之时，人们就开始排队等候，人多的时候，甚至把柜台都给挤破了好几次。看着报纸如此深得人心，身为总经理的张恨水也感觉长舒了口气，终于不负朋友所托，把《新民报》办活了。

人间四月天，此刻春花鲜妍，春光正好，正是出外赏春的好时节。但因为自己忙于工作，一直没有时间陪周南出来，张恨水也深感不安，所以这天特地抽出时间，陪着周南出来看春。他体谅周南此番离京，已经几年不在京城居住，这里毕竟是她生活成长的地方，带着爱人来故地重游，也好让整日疲惫生活的爱人放松一下心情。

"妹妹，你在想什么？"看着周南脸上时时泛起浅浅的笑，张恨水忍不住问。

"我在替哥哥高兴呢。昨天我看到好几个人拿着刚买到的《新民报》，都在说哥哥的小说写得好，他们看得过瘾，看到哥哥的成功，我自然高兴呢。"周南敬佩地对张恨水说。

的确，回京之后，哥哥几乎把心思全用在了办报上，白天忙报社的事务，晚上写字到深夜，看着哥哥没命一般忙碌，她真心疼哥哥。但看着那么多人喜欢《新民报》，看到哥哥的付出有了回报，她心里也真心地替哥哥甜。

被妹妹夸奖了，张恨水有些不好意思起来，在家里，他是很少和妹妹谈工作上的事情，在他看来，那都是男人分内的活，不应该在妹妹面前夸耀的。所以，现在被夸了，他仍然有些不好意思，轻轻一笑说："不谈工作，谈美景，知道么？在南京时，我做了好多梦，每次梦里都是和你又回到了这里……"

"是呀，我们现在终于又回来了，并且，也不打仗了。哥哥，我在想，从此咱们真正是幸福了吧？再也不用过提心吊胆的日子了吧……"

"会的，妹妹，我们从此是真正的幸福了，不打仗了，我们又回到了北京，从此，我们再也不用怕空袭，不用怕挨饿，不用再吃吃不完的野菜，从此，真的是好时光了，妹妹……"张恨水当然更渴望幸福安宁的生活，在他看来，战争结束了，接下来肯定就是祥和宁静的生活，所以，他很有信心地对周南说。

一向，哥哥就是依靠，哥哥就是靠山，而哥哥的话，周南百分百地相信。凝望着哥哥，回想从前的青春岁月，她的脸上再次泛上娇羞的红晕。望着妹妹欣喜的眉眼，张恨水心生怜悯，当年，握着妹妹的手，自己曾答应她，好好爱她，但却让她跟着自己吃了许多苦；如今，妹妹光洁细腻的脸庞上已经布满了细碎的皱纹，妹妹从一个美丽轻盈的少女，变成了一个苍老憔悴的女人，这都是自己的罪过呀。好在，一切都结束了，现在，自己有一份安宁的工作，自己还要多写字，多挣稿费，一定要让妹妹过上幸福的生活，还有自己和妹妹的孩子，一定！

柔情最是大丈夫，虽然身为男人，但张恨水的心思却纤细如丝，他和周南一样，同样憧憬着渴望着即将到来的幸福生活。

但现实却总不肯给人做美梦的机会，仅只过了几个月的平静生活，战事就再度漫起，内战全面爆发，刚刚宁静的北京城，气氛再度变得紧张而激烈。

北京《新民报》，虽然办报时间短暂，但因影响力大，也成了敏感地点，国民党政府甚至派人进驻了报馆，说是监督报社的新闻导向，其实是监视。就在国民党政府派人进驻报社没几天，就发生了震惊各界的闻一多被暗杀案件。进驻于报社的政府官员，指令他们不准报道，如果要报道也得转用中央社已经发布的新闻。这让报馆的职员心中很压抑，张恨水身为报馆负责人，对政府此举颇为不满，但也无可奈何，只得和同仁商议，表面上服从，引用中央社的新闻，但却在引用新闻的后面，刊发其他和这事相关的专访及新闻事件，以求民众在这些相关的文字中看出事情的真相。

　　一面频频告诫同仁不要触撞政治，但张恨水自己却不由自主地被涉其中，因为两党相争，全国各地弥漫起硝烟战火，这让渴求和平的张恨水心中十分忧郁，一面在报上写小说讽刺国民党政权，一面又被国民党的反动气焰所迷惑，接连写了两篇社论《时局管窥》和《中共之失在政治》。

　　为此，他还写了一首诗发表在副刊：

　　　　煮豆燃萁信有之，今人莫笑古人痴。
　　　　从来祸起萧墙处，两字伤心是自私。

　　报纸付印之后，当期的报纸不到半小时就被抢购一空，报社几个同仁又佩服又有点担忧地对张恨水说："张经理，你这样说不定会给自己惹麻烦呀！"

　　"怕什么，我是无党派，我看到的不平事，我总得说出来。再说，批评他们也并不就是反对他们，一个接受不了群众批评的党派，你说能长久下去么？我是旁观者清，也是反战者，大家也看到了，战争带给人们的是什么呢？多少人流离失所？多少人妻离子散？打仗是要消耗巨大资源的，也会因此造成生产停顿，捐款摊派、征夫征粮，羊毛出在羊身上，还不是苦了老百姓，哪一样不要老百姓负担？战争百害无一利，我当然要呐喊！"评谈时局，张恨水忍不住一拳砸在办公桌上，心情霎时也郁闷到了极点。

因为心情郁闷，张恨水回到家中也极少说话，一回到家里就坐在书桌前开始写小说。因为孩子众多，周南此刻也成了一个地地道道的家庭主妇，每天操持着忙不完的家务，但细心的她发现，哥哥的心情不愉快。她不由得暗暗替哥哥担心，因为她太了解哥哥了，他看似随和，性子却相当直、硬，看不惯的东西都要说出来。在重庆时，不就是因为看不惯国民党政府，所以才写了那么多的讽刺小说，还险些被下了大狱么。现在，他会不会是又看不惯什么？所以心情不好？唉，希望哥哥事业顺利，可千万别再有什么疏忽被人扣上帽子，希望哥哥永远平安，别再有什么麻烦才好！

平安是福！几个平平淡淡的字，现在成了周南心中最大的渴望。

这天早上，吃过早饭后，张恨水正要上班，忽然有人在院子里问："张先生在家么？"周南迎出门来，只见一位仪态优雅的女子正站在院子里，女子身材高挑，穿着一件浅蓝色旗袍，满脸笑容正望着她，不正是老舍的夫人胡絜青么?！周南赶快迎上去热情地叫道："胡姐姐来了，快到屋里坐……"

两个女人相见，分外热情，胡絜青也走上来，热情地拥抱着周南，说："呵呵，周妹妹，你还是那么漂亮呵！"

　　一看是多年好友的夫人来了，张恨水也不去上班了，赶快和周南一起往屋里让胡女士，并热情地问她今天怎么有空，来到自己家里看看。

　　要说张恨水和老舍的交情，还得从在重庆时说起，那时，老舍和张恨水都住在文协的家属院内，闲暇时经常走动，两人彼此都尊重对方，也欣赏对方的文笔，而随着两个男人的走动，两家女人也成了好朋友。

　　胡夫人和老舍早几年就回到了北京，但心中一直挂念着张恨水这位老友。胡夫人坐了下来，笑望着张恨水说："早就想来拜访，一直忙着，今天终于抽空前来了，除了看望老友，还有一事征询呢。"胡夫人说着，从包里拿出几本书，递给张恨水说："这些年，你没有在京，但你的'作品'可真不少呀，这些书籍，除我们和你相熟的，一看就知道不是你的文章，但外人谁能知道呢。所以我们也想听听你的意见呢。"

　　张恨水接过这些书，不由愣了，放在上面的，竟然是一本《张恨水情事》，下面仍有四五本书，俱是署着自己的名字。但翻看其中的内容，却真不是自己所作。原来是其他人冒用他的名字所写的书，只是内容有些庸俗不堪，他翻了两页，就生气地放下了，说："唉，这些人呀！我的情事我自己倒没写，他们比我还'情'得很呢！乍一看，我真替他们委屈，怎么自己写了东西，却属我的名，这是替我在宣传么。但一看内容，唉，我不得不替我自己委屈了，这些文字，是污了大家的眼睛，是在污辱我的名字呀……"

　　周南也不由得拿过书，随手翻开一页，不由得生气，果真，书上的内容，除了庸俗，竟然还有些下流的描写，这真正是毁灭哥哥的名声呀！

"这些东西，京城还是少了呢，在其他地方，也多的是，大家都替你抱屈，你也得查一查才行呀。"胡夫人真诚地对他说。作为深交好友，张恨水的人品他们自然是熟悉的，自然知道他断不会写出这样的文字来，所以希望他站出来，为自己更名。

张恨水却叹了口气说："唉，真是焦头烂额，这么多乱七八糟的书，查从何查起，唉，这些人，有这等才华，不去好好写书，偏偏写出这等书来！要说认真查下去，肯定是能查出这些人来，但想想他们能这样逼迫自己写出这样的东西，大概也真是为生活所迫吧。只是不该用我的名字呀，算了，我回头查一下吧，也就是警告一下，让他们别过分就行了，真要追究下去，我也有些不忍心，生为写字人，我也知道写字人的艰难……"

周南没有说话，她是知道哥哥一向是好性子，被人欺负常常是不当回事，从不放在心上。胡夫人也笑起来说："你这倒是大爱，就是有点养虎为患了，恐怕将来会伤及到你。"

"我虽然委屈，好在还有朋友们知道我是冤枉的。我只能感激朋友雪亮的眼睛，辨清真伪，就觉心安了！"张恨水无奈地说。看到张恨水对这种盗名之作也无可奈何，胡夫人也只得叹了口气，两人又接着聊了一些国情时事，胡夫人这才告辞作别。

送走胡夫人，张恨水就赶快来到报社，刚进报社，几个编辑就迎了上来，告诉他北京又发生事情了！原来，随着内战的全面爆发，北京的时局也格外混乱紧张起来，最让人难以接受的，是物价飞涨。五元钱的东西，犹豫一下没买，卖家随时会涨到十块、十五块，这让普通的市民和工薪阶层生活更加艰难，许多一线工人，常常是一个月的工资，连自己都养活不住，更别说养家糊口了。而和此相对的，却是当权者和上层社会的骄奢淫逸，鱼肉百姓。

愤怒的工薪阶层和底层人民在迫不得已的情况下，愤然反击，各企业、工厂纷纷发生要求停止内战、加薪的罢工斗争。北京发生了最大规模的游行示威运动，北平电信局全系统职工三四千人，开始罢工，并愤然走上街头，声讨内战，要求加薪。

消息一出，群起激愤，各家报刊纷纷刊登这一消息，张恨水闻听消息，立即指示新闻版，一定要务实、尽快发布消息！于是，在《新民报》当期的新闻刊面上，通篇累牍地刊发了这一震惊全国的罢工斗争及此次事件的专访。下班回家的路上，看到市民争相购买当期的《新民报》，张恨水的心里有种说不出的痛快，但他不知道有更大的危险与坎坷已经向他张开了网。

第二天刚上班，张恨水办公室的电话铃就响了，刚抓起电话，一个声音咆哮着对他怒骂道："你们太过分了！你们公开标榜超党派！但看看你们做的事，简直就是在替共产党宣传！你们还是什么《新民报》！简直就是《新华日报》！！知道么？这次罢工事件就是共产党操纵的！你们简直是在替共产党宣传！告诉你们，等着查封报社吧！"

电话是国民政府的新闻官打来的，放下电话，张恨水的心情有些沉重。被人骂，他不怕，被人打，他也不怕，但如果报社真被查封了，那面临的不仅仅是同仁的失业，更将是热爱此报的读者没有报纸可读，这让人情何以堪呀……

張恨水：温润如玉一世情

　　思索良久，为了让各位同仁能生存下去，也为了报社的生存，张恨水召开了报馆全体会议，告诫同事们做事要隐晦一些，不参与党派斗争，要注意自身的安全和报馆的命运。在夹缝中求生存，报社凭着几个璀璨夺目的副刊和真实反映现实的新闻，依然成为了北京城为数不多的报刊之一，这让身为经理的张恨水在紧张中也暗自欣慰。

　　春去秋来，转眼几个寒暑过去，人们渴盼的和平依然没有踪影，而随着战争的愈演愈烈，当局对新闻界的控制也更加残酷，因为《新民报》的偏左方针，设在重庆、成都、南京的报社先后被封。闻听消息，张恨水心里更加紧张，而如何保全报社，也更让他忧心。

　　恰在此时，北京又发生了声势浩大的学生反内战、反饥饿的示威游行活动，为了阻止这一消息流向全国，国民党北京市主要负责人吴铸亲自进驻《新民报》社，命令他们不能采访、报道，并且只能转发中央社发布的有关这次游行的新闻。得知消息，张恨水马上明白，当局是在找北京《新民报》的茬，处理稍有不慎，北京《新民报》也很可能落得和其他地方的《新民报》一样的下场，被当局查封。张恨水连夜给报社总编方奈何打电话，嘱咐他一定要小心从事，别让当局抓到把柄。方奈何思忖再三，就在转发中央社新闻的同时，也刊发了一些简短的事件专访，隐约地向广大市民报道了事件的真相。

　　长时间的紧张和折磨，张恨水感觉到从未有过的疲惫，这天下班后，他苦笑着对周南说："现在我才发现，想尽着良心做事真的很不容易。不过，我也想明白了，我在一天，就要凭良心做一天事，真抗不住，我走人就是！"周南无言地望着哥哥，长时间的折磨，他比从前更瘦了，白发也更多了。知道时局艰难，她知道哥哥说的是气话，但没想到很快就走到了这一步。

因为《新民报》的进步，再一次惹恼了当局，国民党当局终于沉不住气了，开始对《新民报》下手了。1948 年 6 月时，国民党内政部把张恨水叫去，批评了一顿后，给他指了两条路：一是立马查封报社，因为该报的副刊之一《天桥》，上面经常刊登反动言论，严重危害了国民形象；二是立刻解除《天桥》主编马彦祥的职务……

张恨水愣住了，因为他太了解马彦祥了，他正直热情，所谓的反动言论，不过是站在公正立场上说了一些不合时宜的话，而这样的话自己也是经常说的呀。辞退马彦祥，让他心中不忍，但却无可奈何。从内政部出来，张恨水就来到报社，来到马彦祥的办公室。面对共事多年的老友，他甚至不知如何开口。马彦祥其实已经得到消息，当然也明白张恨水的为难，所以他淡淡地对张恨水说："你不要为难，我走了没事，报社还得办下去，因为需要它的人太多了！"握着老友的手，张恨水感觉眼角湿润了。

老友一个个都走了，而在当局控制下的《新民报》，也像折了翅膀的鹰一样，少了许多的锐气和生气。看着一手经营起来的报社发展成这个样子，张恨水心中再也控制不住悲愤，终于在马彦祥辞职后不久，自己也辞去了《新民报》的所有职务。

办完所有的手续，张恨水走出报社的门，他感觉到一种从未有过的轻松。从此再也不用受夹缝气了，从此天高云淡，尽可只写自己的小说了，这应该是一种真正的生活，真正就了

张恨水：温润如玉一世情

"闲看庭前花开花落，漫随天外云卷云舒"这句古话，这是何等自在，何等逍遥！

迈着轻松的脚步向家中走去，只见寒风阵阵，落叶飘舞，寒冬马上又要来了。

"冰糖葫芦……又香又甜的冰糖葫芦……"一个推着冰糖葫芦的小贩走过他的身旁，吆喝着叫卖。

张恨水的脸上泛上淡淡的笑，叫住了卖冰糖葫芦的，难得一次早早回家，给孩子们买些冰糖葫芦吧。拿着一大把冰糖葫芦，张恨水走进家里，大声叫道："宝贝们，快来吃冰糖葫芦……"

几个孩子像小鸽子般飞了出来，尤其是四五岁的明明，竟然跑在了最前面，咯咯咯地笑着："我要！我要！"

"来，人人有份，一人两串……"此刻，张恨水满脸笑意，早已把工作上的不快压在了最心底。是的，一切都结束了，自己还是一个自由人，从此，还是开始自己的笔走生涯，在自己的文字世界里飞舞吧！这应该是最好的结局！

因为可爱的孩子，因为家人，张恨水沉郁的心情霎地明朗起来，笑呵呵地把手中的冰糖葫芦分给孩子们。周南迎出门来，有些诧异地问："这么早就下班了？"

"是呀……"张恨水答应着，有些支吾，他不是个善于撒谎的人，他不知如何告诉周南这件事，他不想让她焦虑、忧心。但敏感的周南已经猜出，哥哥如果不是有事，他哪里会这么早就下班呢！只是，如果哥哥有事不想告诉自己，那就是他不想让自己承担那一些苦恼和烦恼，其实，这么多年来，自己何尝不是已经和他融为一体，自己何尝不就是他的心呢！

　　已经猜测到哥哥出了事情，但温柔的周南没有再追问，只是给哥哥端了杯热茶，温柔地劝他赶快坐下休息，她马上为他端饭。

　　"妹妹，从此又得忙碌了，我辞了工作，从此再也不用看谁的脸色，咱们自己在家里写字，还卖字生活，没有了薪水，工作要辛苦些，妹妹……"两天后，张恨水还是忍不住，把辞职的事告诉了周南。

　　猜测终于应验了！周南心里一沉，但她绝不给哥哥添麻烦，所以浅浅一笑，安慰张恨水说："苦？再苦，还能比在重庆还苦么？"望着眼前的妹妹，张恨水眼睛湿润了。这么多年来，不管自己做什么，怎样做，眼前这个柔弱的女人，从来没有责备过他，她总是默默地支持着他，用她的爱温柔地支撑着他。

　　"放心吧妹妹，虽然工作没有了，但咱们还有些积蓄，不会让孩子们挨饿的……"张恨水说。多年来，凭着省吃俭用，他还存了一些钱，足够应付一阵子了。而且，自己也会马上投入到工作中，只要写出了文字，妹妹和孩子们就不会挨饿！张恨水为着以后的生活打算，辞职的第二天，就来到北京的大中银行，准备取出自己存放在这里的十两黄金。这些年，张恨水把省吃俭用攒下来的稿费，积攒有十两黄金，因为和大中银行的经理王锡恒比较熟悉，所以一直存放在他这里，以备艰难时用度。现在自己没有工作了，正好取出来让一家人渡过难关。

　　来到银行门口，张恨水有些吃惊，只见银行门前人山人海，水泄不通。拥挤的人们乱成一团，纷纷骂着，诅咒着，原来眼看北京城即将解放，一些权贵纷纷逃离北京，而大中银行经理也昧着良心，已经在昨晚就卷银逃往香港。

啊?! 张恨水愣住了。这个王锡恒太可恶了! 他顿时感觉手脚发麻，一阵晕眩，差点栽倒在地。

脸色苍白回到家中，周南一看他的神情就知道出事了，当张恨水把王锡恒卷银而逃的消息告诉她时，周南也愣住了，这可是全家的救命钱呀? 看看几个年幼的孩子，再看看满脸惭愧的哥哥，周南强咽下了愤恨，反而劝慰哥哥说："财去人安乐，哥哥，钱虽然没了，但咱们一家人还在，还平安，也就是最大的福气。有人就有钱，就能生活下去，哥哥你可千万不能想不开呀!"

妹妹如此通情达理，更让张恨水难受，本以为抗战结束了，就可以过上幸福的生活了，没想到这几年生存得夹缝一般，而现在又遭受这样的打击! 真是老天太欺人呀!

为了养活一家人，已经离辞的张恨水只得又开始了拼命一般的写作生活，想用稿费来养活家人，但因为北京刚刚解放，政治气氛浓烈，各报刊也因为战乱倒闭的倒闭，新政权的出版及新闻体系，他也一时难以适应，所以文章并不太好发表。没有文章发表，就没有稿费可挣，家人生活陷入了困境。而更让人难堪的是，有人此时在报上大肆攻击张恨水，说他是一个典型的鸳鸯蝴蝶派作家，所作的小说有许多是黄色的，是一个不折不扣的黄色作家，并且是为伪政府服务的作家……

消息传到张恨水耳中，他一下苍老了许多。好几天不言不语，独自呆呆地坐在书房。

"哥哥，咱们去散步吧……"看到哥哥倍受打击，周南也万分伤心，她轻柔地劝着哥哥，希望他振作起来。那些攻击，她当然知道是莫须有，在和哥哥相伴的这十多年里，自己何尝看到过他写黄书呢？他爱惜自己，就如鸟儿爱惜自己的羽毛一般，是一个正人君子，虽然他没有拿过刀枪上战场，但他硬骨正直，怎么能把哥哥说得如此不堪呀！而她所能做的，就是想尽办法为他解忧，让他轻松起来，因为他不但是她的至爱，也是家里的顶梁柱呀。

"书生真的是最无用的……"终于，哥哥开口了，但说出的却是这样一句让人心碎的话。

"不，哥哥，你做的已经很好了，你是一个真男人！"握紧了哥哥的手，周南说。说完，不由得在心里暗暗长叹了口气，因为她霎时又想起家里这一阵的拮据来。

几个孩子正是长身体的时候，但因为没钱买肉，孩子们都馋得慌，身为长哥的二水，也开始想办法为父母解忧排难，哄弟妹们开心。这天，又到了吃饭时间，饭菜自然还是咸菜、窝窝头、稀粥。其实每次看到这样的饭，他自己肠胃里就开始冒酸水了，但为了让弟妹们吃得香甜，他把咸菜细细切碎了，分成好几份，一份切成细丝丝拌上酱油，再一份切成薄片片搅进葱丝，其他一份拌上鲜红的辣椒，剩下的加一点点的油炒热了，喜气洋洋地对着弟妹们叫道："快！开饭了，小伍，明明，蓉蓉，你们快来，看多丰盛的饭菜呀！这一碟是凉拌肉丝、这一碟是红烧肉、这一碟是土豆片拌羊肉……哇，你们来尝尝，好香呀！"说着，自己挟起一丝咸菜塞进嘴里，大声地嚼着，做出十分香甜的样子。

哥哥有趣的样子，顿时勾起了弟妹们的好奇，顿时你争我抢地伸出小手，你夹一筷，我夹一嘴，香喷喷地吃起来，还不停地嚷嚷道："哇，好香呀，好久没有吃到这样的红烧肉了，太香了呀！"那天，看到孩子们这样子，哥哥和自己都忍不住落泪了！

忽然，周南感觉到一阵异样，她抬头一看，只见哥哥的眼中泪花闪闪，哥哥又难受得落泪了。

"哥哥，你别伤心呀，再艰难的日子也会过去的，你伤心，我和孩子们会更伤心呀……"周南站住了脚步，温柔地替哥哥抹去眼泪。男儿有泪不轻弹，哥哥是看到家计艰难，但他不是难过他的负担重，而是难过自己和孩子受的苦呀。

"哥哥，我们回家，你也该写字了……"怕哥哥再伤心，周南牵着张恨水的手，准备回家，她知道哥哥的最爱就是写字，只要让哥哥坐在书桌前，他就忘了现实的忧愁，就会很快沉浸到他的文字中，轻盈起来，哪怕只是像一只负重的蝴蝶呢。

两个人转过身向家里走去，快进胡同的时候，只见远远一个邮递员过来，正在分送《新民报》。张恨水停了下来，让周南去买份报过来。虽然离开报社了，但看到自己曾经付出无限心血的报纸，他还是忍不住想关注一下，看看上面刊登的文章。

周南飞快地买了份报纸回来，但当她随意翻看时，不由愣住了。只见上面醒目的位置是新任主编王达仁的文章《北平新民报，在国特统治下被迫害的一页》，文章不但抨击了国民统治时《新民报》员工遭受的迫害，竟然还指责已经离职的张恨水在职时其实就是帮助国民党陷害《新民报》职工的帮凶，为了证明事实，王达仁还在文章中列举了"诸多"哥哥在职时所做的坏事，甚至还把几年前哥哥写的那两篇文章也拉了出来……

周南看得心惊肉跳，哥哥在《新民报》时，是怎样的努力和付出呀，他所做的一切，还不是虚以应付，为了保存《新民报》不被民国政府查封？他当时的苦心竟然都变成了罪证？她不知道这样的消息被哥哥看到了，哥哥会怎样难过。而看到向自己走来的哥哥，周南更加心慌意乱，真恨自己，今天为什么要出来散步呀！让哥哥待在家里多好呀！

已经无可避免了，张恨水走到了她跟前，向她伸出了手，说："怎么了？让我看看上面有什么文章……"周南无语，已经感觉到心惊肉跳。

张恨水从她手里拿过了报纸，翻看起来，突然，哥哥手捂在额上，喃喃说了一句："不是这样的……"然后，身子就向地上倒去。周南顿时感觉天地旋转，一把抱住了即将倒地的哥哥，悲怆地叫了声："哥哥……"

可怜的周南，她是想抱住哥哥不让他摔倒的，但她的力量太弱小了，于是，在她的惊呼声中，两个人就重重地摔倒在了地上……

悲鸿折翼呜苍穹

北京人民医院急症科的急救室外，周南像一只热锅上的蚂蚁，紧张而焦虑地不停来回走着，挺起的腹部更显得她身材瘦小，身形笨重。但她此刻根本顾不上自己的形象，甚至没有心去把凌乱的头发捋顺。哥哥被送进了急救室，生死未知，她的心又悬又沉，就像上面压了千斤石。几个孩子和其他家人也都闻讯赶了过来，大家围在急救室门外，焦急地等待着急救室里的消息。

"求求老天！求求老天。一定要让我哥哥平安醒来！一定要让我哥哥平安醒来……"心慌意乱中，周南把希望寄托给上天，双手合十不停地祈祷。

医生说，哥哥可能是脑溢血，很危险。听了这话，周南的眼泪雾地夺眶而出，猛然间就感觉被人摘了心脏一般，她不能想象，如果哥哥出了什么意想不到的危险，她接下来的生活该怎样过？多年的相依，哥哥已成为自己生命中最重要的人，她无法忍受没有哥哥的日子。

"妈妈，你不要哭，爸爸一定会好起来的……"明明虽然刚刚八岁，但已经懂事，看到妈妈不停地流眼泪，不停地走来走去，她懂得心疼妈妈，拉着妈妈的手安慰着她。抱着女儿，她想告诉女儿说自己没事，但眼泪却流得更凶了，哽咽着说不出话来。

在心急火燎的渴盼中，急救室的门终于打开了，几个护士推着张恨水走了出来，周南一下子扑了上去，只见病床上的张恨水依旧双眼紧闭，昏迷不醒。

"医生，哥哥怎么还没醒过来呀……"周南心里大惊，一把拉住跟随出来的医生，焦急地问。

"已经脱离生命危险了，但因为病情严重，所以暂时还没有清醒过来，观看情况吧……"医生同情地对周南说。

张恨水被送进了重症室，虽然经过抢救，他暂时没有生命危险，但医生说，他病情严重，并且又在昏迷中，随时有可以停止呼吸，所以让家属一定要小心照料，并且要保持绝对安静。

跟着哥哥回到病房，看到哥哥，她似乎立刻有了主心骨，慌乱的心情也霎时镇定下来。握着昏迷中哥哥的手，她明白，哥哥现在人事不知，自己就是哥哥的天，就是哥哥的依靠，自己绝对不能疏忽呀！她立刻变得镇定而有主见，她让孩子们和家人都先回家休息，这里留自己照顾哥哥。

几个孩子都要上学，二水和张全正上初中，学业紧张。医院里的哥哥深度昏迷，生命垂危，两边都让她焦虑不已，瘦弱的周南也顾不得自己怀着身孕，把一颗心分了好几瓣，像个疯狂旋转的陀螺，家里医院不停地奔忙。为了两边都能照顾到，她几乎没有休息时间，每天天不亮她就从医院里赶回家，为孩子们做好饭，再带上哥哥的饭转回医院；在医院里照顾哥哥到中午，再飞快地赶回家中做好午饭，再转回来……如此三番，而她自己的饭食，几乎都是窝窝头就咸菜，一边往医院里跑，一边就着咸菜咽下肚去，或者到医院后，就着一碗白开水下肚。

张恨水因为仍在昏迷中，他什么都不会，什么也都不知道，除了挂水，医生也屡屡交代要她喂他流质食品。因为昏迷，他甚至不会主动下咽，喂进一口，有时会全部吐出来，周南就每次喂饭时，手边放好几条毛巾，随时把哥哥溢出口的饭食擦拭干净，而每喂完一次饭，她的胳膊都是酸疼的。因为昏迷，张恨水大小便自己都不知道，周南就时刻关注着哥哥，随时替他换上干净的衣裤，不让脏东西污了他的身子……

短短几天工夫，她瘦小的身子显得更加瘦弱，头上也霎地多了许多白发，唯有隆起的肚子更证明她的艰辛和不容易。所有这些，周南都不在乎，每天，她的双眼紧紧盯着病床上的哥哥，希望哥哥早点醒来。

虽然辛苦，但让她倍感欣慰的是，每一次医生查房，都会欣喜地告诉她，哥哥的病情越来越稳定，苏醒应该就在不远了……

"哥哥，你不要着急，我和孩子们都好好的。哥哥，你一定要醒过来，我和孩子们都盼望着你赶快醒过来……"除了照顾张恨水的吃喝拉撒，每天，周南还要不停地和张恨水说话，想用自己的声音早一点唤醒哥哥。这天输完液后，她端着稀薄的鸡蛋羹，一边喂着哥哥，一边喃喃地对他说着。

"妈妈，爸爸听不到的……"因为是星期天，二水带着弟妹也来到医院看望爸爸。看到妈妈不停地对着不省人事的爸爸说话，小伙子的心里一阵难受，他觉得妈妈太苦了，一边劝着妈妈，一边想要接过妈妈手里的碗，替妈妈给爸爸喂饭。

周南说："你爸爸虽然没有醒过来，但他一定能听得到，妈妈对他说说话，他才不会寂寞，才会更快醒过来呀……"像是回应周南的话似的，只见病床上的张恨水突然慢慢睁开了眼睛。

"妈妈！爸爸醒过来了！"站在床边的孩子们异口同声地叫起来。

其实，周南也早已看到了哥哥睁开了眼睛，她一把紧紧抓住了张恨水的手，惊喜地叫起来："哥哥！你醒了！哥哥，你终于醒过来了啊……"

"妹妹……"张恨水的眼里泛起神采，仔细地凝视着含着泪花的周南，喃喃地叫了声。

"是，是，我是妹妹啊，哥哥，快看，这是咱们的宝贝们，快看呀，他们也都来看你了，还有咱们的宝贝丫头……"苏醒过来的张恨水让周南欣喜若狂，赶快侧过身子，让孩子们近前，想让张恨水看看孩子们，又将最小的女儿明明抱起来，送到病床头，让张恨水看。

她以为，昏迷了将近一星期的哥哥会像以往一样，伸出手去温柔地抚摸着他们的孩子，对他们笑……但是出乎他们的意料，只见张恨水的眼睛定在几个孩子身上凝视了一会，然后又茫然地把眼光转向周南，喃喃地问："他们？他们是谁呀……"

啊?！周南愣住了，孩子们也愣住了。

这时医生走了进来，一边为张恨水检查，一边对周南说："这是后遗症，他能清醒过来，已经相当不错了。这种病的后遗症都特别厉害，半身不遂、痴呆，都有可能，所以虽然清醒了，以后的照料更要小心，如果照顾得好，完全恢复也是有可能的……"看着身怀六甲的周南，既要照顾病人，还要照料这么几个孩子，医生心里也叹息一声，为她的负担过重同情，安慰她说。

周南马上破涕为笑起来，自己不是心心念念求上天保佑让哥哥醒来么，如今，哥哥醒过来了，这就是最好的报答，只要哥哥能醒过来，他就一定会更清醒，会恢复到从前！

张恨水虽然苏醒过来了，但情形却实在不好，他除了只认识周南，其他的人都不认识。当家人来医院探望他时，他茫然地望着大家，这让他的兄弟们都十分难过，觉得一代文学巨匠也许就此陨落了。周南心中当然也十分难过，但她同时也欣喜着，不管怎样，哥哥总算是醒过来了，醒过来，就是希望，并且她也坚信，哥哥一定会更好！

一个多月后，周南把哥哥接回了家里。和从前相比，张恨水简直是换了一个人，他行动不便，需要人搀扶着才能慢慢行走；他说话含糊不清，说出的话嗯嗯啊啊，人们一半是听一半是猜，才能勉强听懂他的意思；甚至正说着话，口水就不由自主地流了下来……但周南从不嫌他拖累人，总是精心照顾着他，她相信医生的话，只要照顾得好，哥哥就会完全恢复。有人就有一切，只要他好，这世间便会是春花灿烂。

在周南的精心照料下，张恨水的记忆也开始慢慢开始恢复，他记起了家人，也记起从前的许多事，更多的是让他牵挂的事。那天，周南为他做了细软的蒸鸡蛋，刚要喂他时，他忽然问周南："钱，钱送过去……"

周南的泪霎地一下浸湿了眼角。她知道哥哥说的钱，就是按月给秋霞姐姐送过去的生活费。这么多年来，虽然不常和秋霞姐姐住在一起，但每月要送去足够她们母子生活的费用，是必需的。哥哥在病中，她替哥哥记着这事，已经搜罗了家中所有的钱，早送过去了。

"已经送去了，哥哥放心吧……"周南浅笑着对哥哥说。

喂完了蛋羹，周南就又开始搀扶着哥哥在院里练习走路，因为腿脚不利索，张恨水每次只能走一小会就累了，周南就赶快扶他到阳光下坐着，然后奔进屋里拿出几本书来让他翻看。按照医生说的，为了让哥哥尽快恢复起来，周南每天不顾自己怀着身孕，精心照顾着哥哥。她知道哥哥一生最爱的事情就是看书写字，所以她用书来刺激他，希望他尽快好起来。

看着哥哥开始抖抖索索地翻看着书，周南赶快去洗衣服，一边忍不住长叹了口气。因为哥哥的突然病倒，家里一下断了经济来源，几个孩子要养活，哥哥的病也要营养，家里已经没有一分钱了。茫然地搓着衣服，她急得真想大哭一顿。

当然哭是不解决问题的，所以叹过气后，她就又赶快转动着脑子，想着怎样搞来钱。周南想到的最好的来钱办法就是变卖东西，她想起自己珍藏的首饰来，目前，家里也只有这些东西才能换些钱吧。早些年哥哥给自己置办的首饰，她一直没有舍得戴，一直珍藏在箱子里，现在只好用它们来救急了。

周南并不会做生意，从前，最艰难的时候，也没有落魄到变卖首饰的地步，而现在也没有当铺了，她只能来到街上，把手巾摊开，把首饰摆上，等待买主。

看着地上摆着的首饰，周南眼圈有点红了。那只碧绿的翡翠镯子，是那年和哥哥一起去苏州度蜜月的时候，哥哥买的。当时自己穿着一件玫红的旗袍，哥哥把镯子戴在自己手腕上，笑吟吟地说："美人如玉，玉腕碧翠两相映，妹妹，你是天下最美的女人……"但从此，哥哥是再也看不到玉腕碧镯两相衬了啊！

周南将首饰摆在地上好一会，终于有人上来看她的首饰了，周南一阵激动，赶快问人家："你要么？这镯子可是上好的玉，我是家里出事了，急着用钱，要不，我也舍不得出卖呀。"

"嗯，成色不错。你要多少？"那人开口道。

"二百。"周南说。她从没有卖过这东西，她只知道她现在至少需要这么多钱，所以就按自己的需要报价。

"二百？你讹我呀？"那人叫了起来。

周南有点吓蒙了，她真不是做生意的料，生怕人家不要了，所以赶快说："那你说给多少钱？""顶多 50 元，我也是看你是个老实人，我才肯给你这个价的。"那人不客气地说。

周南气得差点晕倒，这人也太狠了吧，给50？当时买的时候，哥哥可是花了好几百的大洋呢！

"你看吧，你卖不卖？"那人说着，站了起来，似乎要走的样子。

50元当然不舍得卖，可是人家真走了，哥哥的菜钱上哪弄呀！周南几乎快哭了，央求说："你再加些吧，我是家里急用，要不我真舍不得卖呀！"

"顶多再加十块！"那人很不情愿地说。周南一言不发，把镯子包好，递给那人，看着那人拿着镯子远去，周南感觉心被掏空了一般。

"唉，你这女人，你傻了，你那镯子至少得二三百呀，你是不会做生意。"一个围观的人，摇摇头替她可惜。周南咽回了眼眶边上的泪，再亏也得卖呀，要不，中午拿什么给哥哥做饭呢！

熬了一中午，周南终于把几件首饰出手了，拿着卖来的钱，周南一口气跑到菜市上，买了几斤排骨，盘算着中午给哥哥和孩子们煮煮，家里没米了，又买了些米，然后一步三挪地向家里走去。

在周南的精心照顾下，张恨水终于渐渐好起来了，他可以认得全家人，可以自己走路，虽然还是不太利索。有时，他会呆呆地坐在院子里，看着不停忙碌的周南，心里有一种锥刺般的疼。此时的周南，已经生产了，因为家里又添了一口人，她的负担也更重，奶孩子、养育几个大的、再照顾哥哥……她的头发几乎全白了，虽然她还不到四十岁。张恨水的眼里溢满了泪花，刚认识妹妹那会儿，她如一朵璀璨盛开的鲜花，现在，她真的苍老了，但却都是自己拖累的啊！

每每看着周南的时候，他的嘴角就会浮上深深的歉意，他觉得，这一辈子最爱的人是妹妹，但最欠的也是妹妹。这些年，她跟着自己流离失所，饱受饥饿和战争，还为他把如花的岁月全给了自己啊！除了妹妹，他还不停地想着弟弟妹妹们，还有大毛和秋霞，还有跟着秋霞生活的晓水和张正，那些他至亲的人们，因为自己这一病，全都捎带着累上他们了！

一想到亲人们，张恨水就觉得自己真不该病，因为亲人们的生活都是自己的责任呀。一想到责任，张恨水就更加急躁起来，只有写书才能挣稿费，才能让周南和孩子们吃得饱穿得暖，才能让家人过上温暖的生活。

但此时的张恨水，因为病情，他的手甚至都握不住笔，脑子里空有那么多的故事却写不出来。"哥哥，你要写故事，可以说出来让孩子帮你写下来呀。"聪明的周南提醒他说。一句话提醒了张恨水，从此，他开始让家人代笔，他口述，当然，这样的写作速度是缓慢的。不过好在可以工作了，他就感觉轻松了许多。

但给他最大的打击却是，因为刚刚解放，一切都讲究政治和战斗性，他写出来的小说，被告知不适合出版或者发表。不能出版和发表，就没有收入，生活依然像泡在黄连水中，苦到了极致。

"哥哥，要不，我们去找找组织吧？"终于，周南实在撑不住了，对哥哥提议说。周南觉得，如果哥哥肯开口，新政府肯定会为哥哥解决当前的生活困境。因为早年和哥哥在重庆时，哥哥就和毛泽东、周恩来见过面，当时他们还夸哥哥的《八十一梦》写得非常好，说这本书深刻揭露了反动派的真实嘴脸。他们都夸哥哥才气好，有正气，现在哥哥落难了，如果张口，他们肯定会帮助的。

但张恨水却摇了摇头，没有同意周南的话，他是个从不开口求人的人。他对周南说："刚解放，都困难，比咱们难过的人还有，慢慢熬吧，总会好起来的……"

周南点点头，一如多年前对哥哥的支撑。她何尝不了解哥哥呢，他性子直，从不稀罕飞来横财，而开口求人，他更是从不曾做过！好在，他还有那么多的知心朋友，在默默地关注着他。有一天，老友马彦祥又来家中探望张恨水，看到他的现状，再也忍不住心头的压抑，向当时的文化部长周扬反映了他的情况，希望组织上考虑一下他的生活。周扬很重视这个情况，当即召开会议，在会上通过，特聘请张恨水担任文化部顾问，每月发放 120 元的生活补助。

虽然钱并不多，但总算可以先不让妻子饿着了，张恨水有生之年，第一次当上了一个编外的官。

这天，周南买菜回来，只见哥哥兴奋地对她说道："妹妹，有钱了，有钱了……"原来，写出的小说无法在内地发表后，张恨水就把小说投向了海外，而大公报接到他的稿件，当即开始在报上连载，并给他寄来了稿费。这是张恨水患病以来第一次拿到稿费，周南兴奋得不停落泪，因为她深深地知道，有了稿费，哥哥的心情才会好，他才会觉得自己还没有老！他才更有生活下去的勇气呀！

"哥哥，为了庆贺你的稿费，今天咱们要炖一大锅排骨，孩子们都要吃个饱……"周南红着眼圈激动地说，清贫的生活中，吃一顿好饭，成了生活中最值得庆幸的事。

"嗯，你去做饭，我去写信……"张恨水说。周南以为哥哥是要给大公报写信，告诉人家稿费收到了，她却不知道，哥哥是去给老友马彦祥写信，告诉老朋友，自己现在有稿费了，不用再担任文化部顾问一职了，感激老朋友……

看到哥哥的信，周南的眼圈红了，哥哥还是哥哥，还是多年前不变的哥哥！

斜晖脉脉人断肠

> 十年生死两茫茫，不思量，自难忘。千里孤坟，无处话凄凉。纵使相逢应不识，尘满面，鬓如霜。夜来幽梦忽还乡，小轩窗，正梳妆，相顾无言，唯有泪千行。料得年年肠断处，明月夜，短松冈。

苏轼的一曲悼亡诗，吟唱了千百年，也寂寞了千百年，有多少人在这种相思蚀骨的寂寞中走来，又在寂寞中走去。

1959 年的张恨水，在他的人生暮年之际，孤独地品尝着失侣之痛，体味着生死两茫茫的寂寞和苦楚。

自从 1949 年身患脑溢血康复以后，他的事业应该是从低谷走向了人生的最后一个高峰。短短几年时间，他创作出了《梁山伯与祝英台》《秋江》《白蛇传》《孔雀东南飞》等多部长篇小说，虽然这些小说都没能在国内出版，但却在海外发表并引起了极大关注，受到无数读者的热捧，还有热心的读者给他写信，祝他身体健康，并希望他写出更多的作品以飨读者。

事业上的再次奋飞，使得他的病情和心情都向更好的方向发展。但宁静的生活并没有坚持多久，风浪就再一次向他袭来。1956 年时，伴随他多年的恩爱妻子周南突然被查出乳腺癌，虽然病情一经发现便做了手术，但仅三年后，周南的病情便再度复发，并且迅速走到了人生的尽头。

北京的冬天干冷干冷的，这一年尤其如此。刚进入十月，寒风便吹尽了树上的枝叶，把世间的美丽剥夺得光秃秃的，看一眼便让人感觉到生命的脆弱。好在院子里还有几棵冬青树，台阶上的菊花也正开得艳，让人在萧条中，还能感受到生命的炽烈。只是，这一切让古来文人颇多感慨的冬景，张恨水根本无暇顾及，他的双眼紧紧盯着亲爱的妹妹，心底是一阵一阵的痛。

因为病情的折磨，周南愈发地瘦弱了，瘦弱到甚至没有力气走路，只能躺在床上。"妹妹，你看，花开了……"为了让周南开心一些，张恨水把一小盆正在怒放的菊花搬到屋子里，让周南观看。周南苦笑了一下，这些花是春天的时候，自己从花市买来的，哥哥喜欢花，所以她也变得喜欢花起来，遇到喜欢的，总是要买回来。

坐在周南的病床前，张恨水心中一阵疼，他真不忍看躺在病床上的妹妹，病情已经把她折磨得失去了人形，就如一架可怕的骷髅架一般。周南的笑更让他难过，他知道她是不想让自己为她担心在强展笑脸。抚摸着周南干枯的手，张恨水的心中更难受，这么多年来，妹妹撑着瘦弱的身体和他一起，承载了太多的苦难和红尘的疲惫沧桑，直至她的身心再也承受不住。

"我想到外面去看看……"周南微微地对他说。

"好好，我扶你去……"张恨水赶快说。在妹妹患病以后，他倒是经常扶着她去散步，或者去看看外面的街景，他想让她多看到一点生气，想让她的心情好一些。只是最近以来，因为身体无力，妹妹已经好几天没有走出屋门了。半抱着周南下了床，张恨水的心不由又揪在了一起，妹妹太瘦了，她的身子就像一抹缥缈无力的柳絮，绵软到空虚，让他甚至不敢触摸。

两个人相挽相扶着，走出家门，在他们曾经走过的地方，慢慢挪动着脚步。周南贪婪地望着脚下的路，眼前的胡同，这些都是和哥哥牵手走过的地方，而现在，再走过这一次，将永远不能再和哥哥并肩前走了……

"哥哥，这世间真好，这世间有你才是真好……"她蓦然咽回了这些相思的话，自己是要走的人了，不能留下太多，免得他以后会更伤心！

"妹妹，你也一样，别灰心，一定要好起来，我没有什么遗憾的，但你一定要好起来。我们还要一起走好多的路。咱们家里不能没有你，我也不能没有你……"从年轻时便在两人心中燃烧的火热爱情，此刻都化成了一字一句自己最真挚的话。

是的，所有的春花秋月，所有的恩爱情长，都是因为有了她。因为她，再艰难的岁月里他都能从容一笑；因为她，这世界才有了五彩的光，全部的意义。但是现在，这一切都即将要失去了，他的心也随着她的病情，一点点磨碎，撒在红尘间。

张恨水：温润如玉一世情

周南的病情终于到了最后一刻，她无力地躺在床上，凝视着床前的哥哥，弥留之际，她最牵挂的还是他："哥哥，我要走了，你要保重你自己，要爱惜自己……"有太多的话，但她却说不出来。

"放心吧妹妹……"颤抖着手握着妹妹的手，张恨水忍不住落下泪来。

"不要哭，要好好地活着……"话没说完，她就又喘息起来，太疼了，也有太多的话想说，但她却什么也说不出来了，所有的话都凝结成两行晶亮的泪珠，从眼角滑落了下来。

"哥哥，我就要走了，再抱抱我吧……"周南望着亲爱的丈夫，喃喃地说着，她的声音已经十分无力，像被狂风吹散的轻烟。

"妹妹，我在，我在呢……"把妹妹抱在怀里，张恨水深深俯下头去，深情地吻着相伴了二十多年的妹妹，嘴唇还未离开周南的额头，滚烫的泪水就不停地滴落在周南的脸上。

"你要保重你自己……"凝望着心爱的哥哥，周南的话如断线风筝，飘出了唇，却送不到哥哥的耳中了。张恨水僵在那儿，犹如瞬间被掏去了五脏六腑一般，妹妹走了，这世间的一切颜色就失了……

妹妹走了，张恨水也一下子苍老了十岁，微弯驼的背，更弯了，头上的发更白了，眼神也更加无助了……他放弃了笔，不再写作，整日凝望着周南的照片，回想着从前点点滴滴的恩爱……

记得去年冬天时，雪花漫飘，北风呼啸着击打着窗棂，发出呜呜咽咽的嘶吼声。张恨水正坐在书桌前奋笔疾书。不管天气多么寒冷，每天必写一段书，又成了他顽固不化的生活习惯。

"哥哥，喝碗热粥吧……"一碗香喷喷的桂圆粥端到了他面前，周南浅浅笑着对他说。

"你怎么还不睡？"张恨水霎地站了起来，生气地责问周南。她的身子骨不好，他对她说过多次了，不要管自己，晚上要早早睡，她却从来不听。

"没事，我没做重活，天冷，你赶快喝了暖身子呀！"周南说。

"你也需要补身子，来，妹妹，咱们一起喝……"张恨水坚持着。其实这些桂圆是一个朋友得知她病后，特地从南方带来的，让周南补身子的，但周南却从不舍得吃，都在晚间给他炖汤了。清冷的寒夜，一碗汤，两个人，就是一幅世间最美的爱情素描了。

那年春天，周南上街买菜，气喘吁吁地回来时，怀里还抱着一盆花，刚进家门就欣喜地对他说："哥哥，我又买了一盆花，你喜欢花，这盆是冬天开的，你喜欢花，咱们家就是一个花园，一年四季都有花香……"

张恨水责备她："谁又让你去买花来着……"他是心疼她抱着花盆走了这么远，她的身子骨承受不住的。果然，花盆还没放下，她就喘得更厉害了，额上的汗也不停地流下来。

"你喜欢花，这院子里空落落的……"妹妹把花盆放下，抹着额上的冷汗说。

是的，这院子里空荡荡的，什么也没有。那时，他的病情正在恢复，因为家计艰难，只得卖了原来的院子，搬到这幢小宅子里来。所有的钱都要用来生活，根本没有多余的钱再去买那些花花草草，但妹妹记着他的喜好，每次看到喜欢的花卉，总是要买回来。她说，得让院子里有点花草，这样，他写字之余，可以对着鲜花放松一下心境，养养眼睛。

……

点点滴滴，想起都是断肠泪。

但却不能不想，每每坐在屋子里，面对伊人的照片，总是想起她的好，她的温柔，还有她永远带不去的爱。

天空又淅沥沥下起了小雨，独立窗前，张恨水又想起那年的江南。此刻的江南，也定是小雨迷蒙；断桥之上，定是愁人肠。记得那年新婚时，和妹妹一起游江南。因为熟知白蛇传，所以看断桥也是妹妹心心念念的事，来到断桥，妹妹叹息白素贞的不幸，又暗自小小得意，挽着他的胳臂悄悄说："白素贞嫁了许仙是真不幸。我肯定是比她幸福的，因为我有哥哥啊……"随即，妹妹银铃般的笑声便在断桥上响起，只是此刻，也只有自己的一声长叹来回应彼时妹妹的痴语了。

> 杭州一片水云晨，游屐忘劳月作邻；
> 画舫断桥今尚在，眼前缺少倚栏人。

噙着泪水，张恨水摊开纸笔，疾笔作下《悼亡诗》。

诗未作完，一滴滴的老泪就纵落纸上，霎时洇湿了纸，打湿了笔，纸上的墨迹也化成一片片黑色的云雾，就如他弥漫心头那永不化解的思念。

时光如梭，在思念诉岁月中又到了秋天。又是满院菊花开，在如梭的人流中，一辆三轮车穿过熙熙攘攘的人流，来到八宝山墓地。一个苍老的男人，来到一座墓碑前，坐下。

"妹妹，我来看你了，我知道你想让我来，想让我和你说说话。我来了，和你说说话，我这心里也舒服。妹妹，又是春天了，百花儿都开了，你还记得么，那年春天，咱们到苏杭，你穿了件大红的旗袍，就像一朵春天盛开的花朵，引得路人纷纷观看……"

是的，来人正是张恨水，每隔几天，来到妹妹的墓前，和妹妹说说话，这是妹妹去世后他雷打不变的习惯。他有太多的话想告诉她了，他想告诉她，他一切都好，孩子们都大了，有了各自的家，岁月一切安好，只是少了她啊……

暮色四起，而在氤氲的暮色中，张恨水的身影，和他身边的墓碑，被时光凝聚成了一尊永不分离爱的雕像。